中国易学文化传承解读丛书

人生轨迹的干支解读

——新派命理简论

祝国英 著

中国商业出版社

图书在版编目(CIP)数据

人生轨迹的干支解读：新派命理简论／祝国英著.—北京：中国商业出版社，2009.5
ISBN 978-7-5044-6489-7

Ⅰ.人… Ⅱ.祝… Ⅲ.命理—研究—中国 Ⅳ.B992.3

中国版本图书馆CIP数据核字(2009)第073049号

责任编辑　孙启泰

*

中国商业出版社出版发行
010-63180647　www.c-cbook.com
(100053 北京广安门内报国寺1号)
新华书店总店北京发行所经销
北京龙跃印务有限公司印刷

*

2009年7月第1版　2009年7月第1次印刷
710×1000毫米　16开　16.25印张　230千字
定价：35.00元

* * * *

(如有印装质量问题可更换)

《中国易学文化传承解读丛书》出版前言

中国传统文化以诗、书、易、礼、春秋为源头经典。《三字经》上曾讲“诗、书、易，礼、春秋，号六经，当讲求”，又说“有连山，有归藏，有周易，三易详”。在这六种（其中礼，有周礼、礼记二种）经典中，又以易经为最重要的经典。儒家将其列为群经之首，道家将其列为三玄之冠。因此，武汉大学哲学学院博士生导师唐明邦教授将易经称之为“中华文化的源头活水”。

易经文化的传承，一向分为两大部分，一部分是义理的传承，主要从哲学、政治学、社会学、伦理学等人文科学的方面进行阐释、发挥，以指导现实社会发展的方方面面；另一部分就是数术的传承，主要从未来学、预测学、咨询文化的角度进行阐释、发挥，乃至创新、改造，以适应现实社会生活和各色人等的心理咨询需求。

该套丛书，虽然也有部分文章着重从义理方面进行阐发解读，但大部分著作主要是从数术角度进行传承，进行解读。这十几部书涉及到数术中的绝大部分种类，既有古代称之为“三式”的太乙、奇门、六壬，又有八卦、六爻、梅花易数以及四柱命理等，都是作者近几年最新的研究和实践成果。

数术文化，源远流长。中华传统文化从本质上讲是一种没有宗教的文化（所谓本土宗教道教，也是在佛教等外来宗教传播的形势下，才以道家老子为鼻祖而新创的一种宗教），而易经数术文化在中国历史上在一定意义上发挥着“准宗教”的作用，起着抚慰广大人民心灵的作用，换言之，发挥着社会心理学的作用。这就是它“野火烧不尽，春风吹又生”，能够顽强生存下来，得到持久传承的原因。即使到现代科学如此昌明的今天，有人称之为电子时代，信息化社会，但它不仅未能消亡，反而仍然在生生不息地传承着。

当今社会上人们对数术文化有着不同见解和看法。有人将它斥为“封建迷信”，有人将其视为“预测学”或“民俗学”，也有少数人盲目痴迷它，但大多数人处于不了解的状况。

为了使广大读者能够深层次地了解传统文化中的数术文化，以便独立地确定自己的意见和见解，我们出版了这部“中国易学文化传承解读丛书”，参与解读的作者都是个人研究的心得和实验的成果，正确与否，只是一家之言，一得之见。广大读者可以从中辨别真伪，或赞同，或批判，或质疑，或否定。

本丛书的很多内容讲的是预测及占筮技术。对此，我们比较赞同著名作家柯云路先生的观点，他在给本丛书之一的《梅花新易》一书的序中写到：“占筮技术在当今的实际应用则是该谨慎的。一个，是因为这种占筮技术本身的作用还是有其限度的，现代人该更多依靠科学决策。另一个，这一行良莠不齐，很容易给各种江湖骗子可乘之机。所以，对于一般大众来讲，我的告诫常常是：命一般不算，起码要少算。算错了，被误导，就真不如不算，那很有损害。而要真正使自己活得好，倒是该从大处掌握《易经》中的道理，那就是乾卦讲的‘天行健，君子以自强不息’，还有坤卦讲的‘地势坤，君子以厚德载物’。大的道理是十分简易的，再加上做事中正，为人诚信，与时偕行，知道进退，《易经》的大道理就都有了”。

目　录

上编　新派命理基础知识

下编 新派命理预测技术的具体应用

序

清代《四库全书总目提要·易类》说：“易之为书，推天道以明人事者也。”意思是说，易学这类书是干什么的呢？一言以蔽之，都是通过探索推演大自然运行变化的客观规律，从而让人明白人类社会发展和个人生存变化的规律。

那么易学这类书是通过什么方式来“推天道明人事”的呢？主要是通过一整套具有全息信息的哲学符号来进行推演的，这是中国传统哲学的特点。

这套哲学符号大致有三个系列：一是八卦和六十四卦系列，二是天干、地支系列，三是图形系列，包括太极图、河图、洛书、先天八卦图、后天八卦图、六十四卦方图、六十四卦圆图等。

其中，兴于唐、成熟于宋的四柱命理学，就是利用天干、地支这套古代以记时为主，同时具有全息信息的符号系列，来解读人生。它主要通过一个人出生的年、月、日、时干支，大运干支和流年干支这三组干支符号，来解读这个人的人生轨迹。这套方法，由于是宋初徐子平完善的，故后人又称之为“子平术”。实际上就是运用传统哲学阴阳五行生克制化的原理，通过对上述三组天干、地支哲学符号的解读，试图描绘出一个人的人生主要轨迹。这种解读方式经过古今大量实践验证，确有相应程度的准确率。故而虽然几经历史深浮，时至今日，仍有不少人在热心地研究它、实践它，并力图改革它、创新它。近些年来，在易学界出现被大家称之为新派命理的，就是其中一个代表。

2007 年下半年，我在浙江杭州出版的《数术》杂志（丁亥年未月试刊）总第一期“百家法门”栏目中，读到署名“罗瑞”的一篇文章，题目叫《殊途同归，各派命理初探》。他在文中说："自上世纪九十年代后，四柱命理预测技术突飞猛进，传统预测术更臻完善，还有一代新人在传统预测术的基础上，不断创新探讨归纳了一整套先进的新型的预测体系。以祝国英先生《国英命理学》代表的现代预测体系的出现，可以说是一个突出的贡献。它的特点是简洁，明快，准确。然而，它仍然植根于传统命理技术中，虽然，它和传统命理预测术、盲派命理预测术手段不同，但它们的预测结果是一致的。"

作者罗瑞为了证明他的论断，分别从传统命理流派能人、全国著名四柱预测学家李顺祥先生的《四柱玄机》一书和盲派流派能人、著名四柱预测学家段建业先生的《命理珍宝》一书各选取了13个实例，共26例。他将传统命理派的分析判断、盲派命理派的分析判断，分别与祝国英新派命理的分析判断，一一进行对照，最后得出结论是："尽管流派不一，预测手段不同，然而其结论是一致的。"

以前，我对新派命理及其代表祝国英等人，有过耳闻，但未谋面，也不曾读过其著作。通过此文，我才知道新派命理的代表作是《国英命理学》。

事有缘巧。2008年3月下旬，我去北京参加第五届中华易学文化大会。会议期间，不仅认识了新派命理的代表人物、中华周易协会副会长祝国英先生，而且他还送我一部《国英命理学》。我阅读之后，提出了一些增删和修改的意见。最近，国英先生按照我的意见对其书稿进行了一次大面积的修改，并采纳我的建议，将书稿名称改为《人生轨迹的干支解读——新派命理简论》。

纵观这部书稿，不愧为"新派命理简论"的称谓。我认为，它的新起码体现在以下几个方面：

一、将内容、方法驳杂的传统命理学化繁为简。

传统命理学中，不仅要立四柱，排大运、小运，有的还推命宫、胎元，排小运、小限，还要找出各种神煞，详列地支藏干，而且地支藏干又有本气说、杂气说、余气说等不同意见，还有种种名目繁多的格局，确实让人感到难以适从，摸不着头脑。

新派命理只保留了命局、大运、流年三项干支内容，其余一概不用。特别是对地支藏干，不仅指出了子、午、巳、亥四个地支藏干阴阳属性颠倒的错误，而且干脆一律不用地支藏干。同时，对于四柱的格局，更是简化为两类四种，认为古人所说的化格根本不存在。

二、提出了一套新的论断和方法。

新派命理不仅将传统命理学中一些内容和方法，或者摈弃不用，或者化繁为简，而且还提出一套新的论断和方法，如百神论、反断论、空亡论、体系论、干支分工论、作用关系论、命局原象论、纳音辅助论等。

三、新派命理一改传统命理学中重理论、轻技术、难操作的缺点，提出了四柱预测的一整套技术性操作规范，使它变成一种几乎人人都可以学会、掌握的普及性学问。

四、第一次系统地把纳音五行技术融入四柱预测的实践中，使学习运用命理学的人学会结合纳音五行技术，提高四柱预测的准确率。

自然，新派命理这一套理论、技术和方法，正如任何一门学术的改革、创新一样，由于时间尚短，肯定会存在种种缺陷和不足。这是不奇怪的，更应该是允许的。

新派命理到底准确率如何？能否被社会和历史所肯定？大家不妨在预测实践中检验它。

但是，正如所有事物发展的出路几乎都在于改革、创新一样，流传了一千多年的中国传统命理学，应该剥去其神秘的面纱，摈弃其繁琐庞杂的体系，还它以干支解读人生轨迹的哲学本真面目，只有这样才有出路，才有新生。祝国英先生的新作，在这方面开了先河。出于鼓励和扶植创新事物的理念，我应他之约，写了上述文字，作为其新作之序，愿能引起广大易学研究者和爱好者的重视。

张志春

2008年8月3日于石家庄

自 序

对命运的探知是一个令人神往的课题。国英喜欢研究命运。从1992年以来，国英一直把很大的精力放到人生命运轨迹的研究预测上，常常沉溺在《易经》等东方神秘文化典章中。《人生轨迹的干支解读》就是国英学易研易十几年的结晶。她对中国古代神秘文化之一的子平术即四柱预测法的方方面面进行了探讨，并在中国古代算命术的基础上，对这项神秘文化进行了创新和发展，力图使其从神秘从迷信从不可知中走出来，还阴阳五行运动可以决定人的命运、也可以借此揭示人生轨迹的的本来面目。本书在写作中彻底摒弃了传统命理学中重神杀重格局的倾向，把以百神论、反断论和体系论等为标志的全新命学即新派命理体系奉献给各位易友和读者朋友们。本书的主要内容和特点是：

1. 新派命理，即以百神论、反断论及体系论等为主要内容的新派命理学是本书的核心思想和技术体系，同时吸收历史和现代命理学中一切有生命力的技术。力求形成一部体系更完备、技术更全面、操作更简单、预测更准确的命理学技术规范。百神论反断论的技术原理是当代易学家李涵辰老师的经典贡献。

2. 发展的内容：科学分析格局，绝对能在三秒钟内确定格局的技术；百神论、反断论、空亡论等经典技术；正确解释和运用干支间作用关系；科学处理命局大运流年的作用关系；科学定义十神以及十神心性等等。这些技术的细节更加完善和细化。

3. 第一次系统地把纳音命技术融合进四柱预测中。

国英和助手们经过多年研究，发现纳音命的理论和技术在预测中是一片有待于开垦的神奇处女地，它在四柱预测中具有特别重要的意义。尤其是在预测命主的性格特征、婚姻家庭、为企业及其他社会组织选人用人、优生优育和子女成才等方面具有不可替代的作用。国英在此方面发明了一整套技术规范。本书将系统地介绍纳音命实战技术。有关纳音命理论和技术的神秘面纱将从此被彻底揭开。结合纳音理论从事四柱预测，可以使原本一些难以定论的问题如婚姻状况、子女状况以及合作情况的结果等彻底明晰化。断事再也用不着拖泥带水，而是可以干净利落地下结论。本书将给每一位易友送去既简单又特别实用的实战本领，使四柱预测更形象、更具体。更重要的是，纳音技术的成熟还为改造甚至改变人们的命运提供了极为有效的方法。比如婚姻，某某人四柱显示婚姻不吉，他（她）如果和木命的对象结婚肯定离婚，但让他（她）和水命的对象结婚再加上生一个纳音命促进夫妻感情和睦的孩子，他（她）的婚姻就会变得虽有风波但不会离婚甚至一生很幸福。这绝不是天方夜谭，而是国英和助手们在天天做的事。纳音命改造命运的效果可以用一个词组来表示：惊天地泣鬼神！国英过去总认为风水改造命运最有效，现在看这个结论要改了：纳音改造命运的效果才是最神奇的！纳音技术融入四柱预测，真正称得上是四柱预测技术史上的一次革命。

4. 挖掘四柱命局的先天信息，科学地确定四柱格局高低，从而准确测算命主的事业方向、事业大小、婚姻质量以及身体素质等人生主要状况。国英在本书的写作中重视了四柱先天原象的分析，力求拿过四柱就把人的富贵贫贱看个差不多。主要是：重“第一事业”的组合象，断命主能力及事业；重纳音组合象，以纳音组合辅助断事；重日支状态象，断命主身体状况；重感情婚姻组合象，断命主婚姻吉凶；重库的组合象，断人的富贵贫贱等等。国英把自己在此方面的突破一并献给易友。

5. 国英2004年就注意到，一位对盲派命理很有造诣的同行在他的著作中提出了“活用六亲”和“虚神反断”的观点。并把这个内容作为他的命理学体系的一个主要方面。他解释说：活用十神就是没有某十神时要用其它十神代表；某天干坐下无根时为虚，此字喜忌性质反断。这样就和无数新派命理易友运用的百神论反断论很接近了。我想这也是命理发展的必然结果。不管新派旧派，只要是真正的预测工作者，最根本的目标和终极落脚点肯定还是在预测的准确性上。至于什么派的叫法倒是还在其次。国英始终以为，不管这派那派，预测准了才是正派。预测不准，说得再天花乱坠也是没有意义的。

6. 国英的写作原则是：理论问题能简则简，技术问题则不厌其细。在以往的学易过程中，国英上当最多的就是命书都把理论说的似乎头头是道，技术却一点也没有。读起来什么都明白，用起来什么都糊涂。易友们对此都深恶痛绝。因此，国英在写作中始终把操作性、实战性、技术性放在第一位。换句话说，就是让易友们看了以后首先明白怎么用，其次才是为什么这么用的问题。

本书在写作出版的过程中，得到了河北省周易研究会会长、中华周易协会副会长、堪称易坛巨擘的奇门遁甲专家张志春老师的大力支持。多年来，张志春老师以自己在易学上的巨大贡献赢得了易友们的普遍尊敬。国英同样对张老师怀有高山仰止之情。张老师不仅对本书内容提出了许多建设性的修改意见，而且还为本书欣然作序。借此机会对尊敬的张志春老师表示由衷的谢意！

祝国英

2008 年 8 月

命理学导论

第一节 什么是四柱预测

四柱预测通俗的表述就是算命。在正式论述前让我们先简单地看两个四柱。

辛卯　丁酉　庚午　丙子　乾隆皇帝四柱

本四柱庚日干生于酉月，时支子冲午，月令酉金不为两次受伤，身旺用财官伤。月干丁正官为命主的事业，丁坐下地支酉金为事业大小，酉金越弱事业越大。酉金被年支卯木冲，日支虽然无力克制酉金，但在气势上也是克酉金的。命中有做大事业的条件。再看大运，从未运到亥运 都是克制酉金的运，所以事业做得极大。在乾隆皇帝的领导下，中国封建社会进入了自汉唐盛世以来的又一个巅峰期。被史学家称作为“康乾盛世”。是时的中国，“八方宾服，四海攸同，金马朱鸢，并隶版图之内，白狼玄兔，咸归覆帱之中，天下熙宁也”。

再看一个普通人的四柱。

黑龙江省佳木斯市高某　**己亥　丁丑　辛丑　庚寅**　坤造

命主从 1967 年 4 月起大运

戊寅　己卯　庚辰　辛巳　壬午　癸未

辛金日干生于丑月旺，丁坐丑又被己泄，克制日干的力量不成体系，日干从强。庚金为用是个能人，现为一小公司老板。

此命庚金为事业。老板的事业是什么呢？很多人认为事业就是官运，这么理解错了一大半。人人都有自己的事业，但不可能人人都当官。所以大多数人的事业不是官运。简单地说，事业就是自己从事岗位工作并在这个岗位上取得成果的过程。老板的事业自然就是财运。此命寅为发财的数量。寅旺发财大。整个大运都是克制寅木的，一生难成大富。庚金还为丈夫，庚金得辛金扶寅木耗丈夫有能力。实际丈夫原为某厂副厂长。寅木为感情基础和丈夫的身体，寅旺感情好丈夫身体好。

庚辰运戊辰年，两个辰土耗制寅木，寅木受伤严重。丈夫车祸凶死。十几年后的今天，当国英为其断出往年的悲剧时，命主仍然有些震撼。半天后抬起头来，双目已经发红了：祝老师，这难道真的是命吗？

看到这里读者自然会问：为什么乾隆皇帝四柱的酉金为事业大小，而不是丁火为事业大小呢？为什么酉金弱了事业和权力就大呢？为什么高某的四柱以时干庚金为丈夫，又以寅木为丈夫的身体呢?月干七杀为官，怎么不用月干七杀为丈夫呢？为什么寅木弱了丈夫的身体就出问题呢？实际上这些内容都是四柱新派命理的具体运用。这部书就是对新派命理技术体系的具体阐述。以上问题在本书以后的章节中都会逐渐得到解释的。

第二节　学习四柱预测的方法

国英通过大量的教学和预测实践体会到，要想成为一个四柱预测高手，必须扎实地掌握三个方面的知识：一是广博而全面的命理基础知识，即阴阳五行基本原理和天干地支所承载的一切知识。这些基础知识一般命学书上都有，但对一些基本概念的解释却是众说纷纭，出入很大。这类知识必须进行大刀阔斧的清理才行，国英在本书中已经这么做了。

二是熟练地运用分析日干旺衰的技术、准确地判定四柱格局、正确地区分用忌神。稍懂四柱预测的人都知道，这是最难过而又必须过的一关。这是四柱预测的第一步，也是最关键的一步。就像从淄博去北京，本来是西北方向，但如果你向东南或其它方向走，是永远到不了北京的。这一步如果错了就都错了。此方面的知识技巧除非是奇才，绝大多数人必须有老师的指导再加上一定的预测实践才能过关。我在预测实践中总结的关于分析日干旺衰的体系理论，可以说涵盖了所有的四柱组合。掌握了分析日干旺衰的体系论就等于通过了格局关。 本书将全面讲述和公布分析日干旺衰的相关理论和技术。

三是必须掌握新派命理。新派命理预测技术的标志就是百神论、反断论和体系论等。这是一套全新的预测技术体系。说它全新，是因为它是和传统的四柱预测技术体系完全不同的。如果说古人也给我们留下了预测体系的话，那只能说是一间小草房，新派命理则是在推倒小茅屋后建起的摩天大厦。说它是技术体系，是因为它彻底解决和完善了四柱预测的运算机制问题。有了这个体系，才使四柱预测变得有章可循，成为真正意义上的预测技术。可以说，不掌握百神论、反断论和体系论等新派命理技术，是永远不会四柱预测的。经过这十几年的发展，新派命理技术体系更加完备，技术规范更加丰富。还有，从这本书开始，作为新派命理技术体系规范重要内容之一的纳音预测也完全公开，它为预测结果的准确性和具体化提供了更为可靠的方法。

读到这里，可能有的读者会问：百神论反断论那么好为什么还有人对它有微词呢？我敢肯定地说对百神论反断论颇有微词的人没有一个是真正懂得百神论反断论的。如果他真的掌握了新派预测技术，就绝对不会再对百神论等有看法了。我是学易的，我知道预测绝学对我的吸引力，我也相信凡是真正的学易之人在此方面和我一样。我的网站论坛 2003 年初设立，到 2003 年底一年的时间里，我和我的学生们在网上为国内外易友预测了无数的四柱，用的都是新派命理预测技术。其准确程度连我自己都感到惊讶！这部书中大多数命例就是我当时在网上预测的四柱。我可以非常有把握的说，不出几年，从事四柱预测的所有精英都会用百神论反断论为人预测，新派命理预测技术一定会成为四柱预测技术的主流！这个结论不是预测出来的，而是根据事物发展规律的推理。易友们不妨拭目以待！

上述三个方面说到家就是四柱预测的技术体系要完善，技术标准要规范，预测操作要有章法。只有靠技术来操作，断富贵贫贱才会正确，断应期应事才会准确。我们应该庆幸生活在这个时代。四柱预测理论和技术发展了一千多年，到今天终于成熟了。

第三节　命运的本质是人与人之间的差别

通过以上的分析我们可以看出，四柱就是命，预测就是算，所以老百姓把四柱预测叫做算命。另外中国民间还有个流行更广的词：算卦。从专业角度说，算卦特指是六爻（八卦）预测。实际上六爻预测也是测人之命运。那么什么是命运呢？国英以为命运的本质就是人和人之间的差别。有的人一生为官，自科长而局长而市长而省长，乃至更高的长。有的人则终生为民，从没当过长；有的人富，富得腰缠万贯。有的人穷，穷的衣食难济；有的自小学而中学而大学皇榜连中，最终成为专家、学者。有的人则是文盲一个；有的人婚姻美满，幸福一生。有的人的配偶则或死或离而痛苦一世；有的人生下来就能歌善舞，年纪不大就成为艺术明星，而大多数人则没有几个艺术细胞等等等等。这种种差别是随处可见的，就是真的到了共产主义社会恐怕也要存在。这种差别不是政治或法律等人为的力量可以改变的，而是和社会与生俱来的，是人和社会本质的一个方面。只要这个社会存在一天，它就会存在一日。不管人们承认与否，命运是客观存在的，人和人之间的这种差别是随处可见的，是不以人们的意志为转移的。揭示命运形成的原因，准确地描述具体人的命运曲线就是四柱预测的主要内容。

单个人的人生曲线叫命或者叫命运，一个人和另一个人乃至多个人的关系叫做缘。一个人能否在某人或某处得到或失去某些东西也叫缘。缘有福缘孽缘之分，命有好命差命之别。命运与缘分是既有联系又不同的两件事。通过四柱能看具体人的命运，结合纳音也可以看两个人或多个人的某方面缘分。所以本书把纳音预测列为四柱预测的一个重要组成部分，从而使四柱预测的结果更准确、更形象、更生动。

下面是国英在2006年为某易友预测的四柱实录：

乾造：**庚子　戊寅　庚辰　丁丑**　山东刘某

大运：**己卯　庚辰　辛巳　壬午　癸未　甲申**

命主于1964年5月起大运。

请祝老师预测事业！

断：如果时辰准确的话是个能人。也就是公职为官私营老板的命。

答：是公职。

断：那么肯定是官，不过官做不大。现在也就是科级。

答：才副科级。祝老师看看那年官运好。

断：向近里说是1999年最好。

答：神了！就是1999年提的副科。在某局副局长。原来一直是科员。

断：今年（20006年）你工作中的一个对你不利的伙伴或者叫小人离开了你。这对你是很好的事。

答：天，这也能看出来？确实！这个人夏天开始不上班的。

为什么这么给命主断呢？此四柱身弱，根据反断规则，本四柱时干丁火反断为用神。丁火为命主的第一事业是个用神，命主当然是个能人。命主的能力大小和事业大小看丁火坐下丑土。丑土得辰土帮扶晦丁火力大，事业很难做大。如果公职为官的人就是当不了大官。

本命丑土弱了提职。辛巳运巳火生丑土力大，难以提职。壬午大运，己卯流年，卯木克丑土同性力大。命主提职。丁火是命主的官职，日支辰土是命主的同伴或竞争对手。辰土帮扶丑土起坏作用，一生小人多，就是对自己工作不利的人多。癸未运丙戌年，戌土冲辰土，小人被冲掉。当然是一个对自己工作不利又一直在自己身边的人走了。

由此我们可以看到，命运是客观存在的，也就是命是“天”定的。所谓预测只是通过一定的技术手段把这个“天”定的结果描述或者再现出来而已。

命运由“天”定，那么个人奋斗能起多大的作用呢？首先人们奋斗是为了追求自己所认为的美好东西（在这里我们不做社会价值评判），也就是我们常说的趋吉避凶。比如人们大都认为有钱是吉，于是人们千方百计地挣钱，这就是所谓的奋斗。这种奋斗只能在某个具体命所能达到的最大应吉限度内起作用，超过那个限度就不会起作用了，也就是没有那个命你怎么奋斗也达不到你想象的吉。

既然命运的本质是人与人之间的差别，那么研究产生这种差别的原因以及如何从命理角度改造命运，最终达到使人趋吉避凶的目的当然就是命理学的任务了。

第四节　四柱定性　风水定量

——决定人们命运的两个因素

命运的本质是人和人之间的差别，那么是什么因素造成了这些差别呢？答曰：是阴阳五行运动的规律。每个人秉受的五行之气不同而造成了命运的差异。那么相同时间出生的人命运是否完全一致呢？也不是的。掌握四柱预测术的人都知道：四柱预测只能定性，不能定量。可以看出某四柱代表的人是个官命，但看不出当多大的官。可以看出是富命，但看不出发多少财等等。四柱预测实践不乏这样的事：两个完全相同的四柱，其应事并不完全一致，有时出入还挺大。那么这到底是怎么回事呢？四柱预测还有其可靠性吗？回答当然是肯定的。

请看一易友在我网站论坛上发的帖子。

请祝老师指点三个四同四柱：

阳历：1983年01月14日00时

阴历：壬戌年（大海水）十二月初一日子时

四柱：**壬戌　癸丑　壬寅　庚子**

男大运：**甲寅　乙卯　丙辰　丁巳　戊午　己未**

女大运：**壬子　辛亥　庚戌　己酉　戊申　丁未**

祝老师，这是我在实际生活中遇到的三个四同四柱，俩个男的，一个女的。男的一个出生在杭州，当地时间24：20；一个出生在青岛，当地时间23：50；女的出生在西安，当地时间24：10。这三个人命运有不同之处，不知为什么？请祝老师简单说一下这三个人的运程让我们学习一下好吗？

这三人现在是好朋友。杭州的和西安的读名牌（一理一文），青岛的不是名牌，但悟性很高，是个易学奇才，我亲身所见的。这几个都很有个性，看问题都喜欢讨论本质性的东西。我现在很迷惑，是不是四同四柱命运都一样呢？但为什么这三个人却不一样呢？请祝老师结合一下他们的运程简单指点我们一下，让我们开开迷津好吗？谢谢。

为什么会出现这种现象呢？国英认为，四柱只是决定和影响人之命运的一个因素，而人们的命运是由两个因素决定的。这就是四柱和风水。我们都知道阴阳五行运动的规律决定和影响了人们的命运。而阴阳五行运动规律是通过两种形式来表现的，一个时间方式，另一个是空间方式。四柱预测说到家就是用阴阳五行运动在时间上对人们命运影响的规律来预测人生。我们经常说在什么什么面前人人平等，并且把这作为建设社会文明的口号或目标。实际上古今中外真正能够达到人人完全平等的方面只有一个，这就是时间。在时间面前人人平等是真理。今天结束了，对任何人来说都结束了，今年结束了，也同样对任何人都结束了。好多古代的帝王都曾经想不惜一切代价地改变这个规律，如英明神武的秦始皇、汉武帝等都曾痴迷于此道，但最后的结果当然是“在时间面前人人平等”规律面前无可奈何。

阴阳五行在空间上对人们命运的影响就是被人们称作风水的东西 。尽管从古到今风水流派众多，所强调的着重点也各不相同，但是有一点却是完全一致的，就是都研究风水对人命运直接或间接的影响。那么四柱和风水在决定和影响人们的命运时各起什么作用呢？通俗的说就是四柱定性，风水定量。相同四柱的人尽管应吉应凶的程度不同，但人生的命运曲线却基本是一致的。就是说假如相同四柱的人都是官命的话，两个或多个命主肯定都当官，升官免官的年运也基本一致。其他吉凶也会大体相同。但当官大小却相差较大。这个“相差较大”就是量的区别，原因就是二者风水的差别。本书研究的核心是不同四柱的人产生吉凶的原因，相同四柱吉凶不完全一致的原因是风水专著研究的内容。

上　编

新派命理基础知识

第一章
四柱预测的理论基础

四柱预测是以阴阳五行为理论基础展开的。由于四柱预测的流派不同，各个流派在对阴阳五行基础知识的解释上也很不相同,有的甚至截然相反。无论是基本概念还是原理，各个流派在理解和运用上都有很大差异。国英在撰写本书时有一个根本的指导思想，那就是只写对四柱预测有用的东西！没用的内容一个字也不写！基础知识的介绍当然也是如此。五行干支之间的作用关系是这方面知识的基础，社会上流行的那些大都沿袭古人的一套，错误百出。为此国英将列专章写作，以还这些作用关系的本来面目。神杀、贵人、小运、小限、命宫、胎元类国英认为在四柱预测中无用，所以一概不予介绍。喜欢用此类内容的读者可从别的书中去找。

第一节　阴阳概说

我们现在总把四柱预测叫做易学研究的一部分，有的干脆就笼统的叫作易学。实际上，《易经》只是中国古代神秘文化的象征。四柱预测和真正的易经有直接关联的部分恐怕只有“阴阳”这两个字。阴阳是中国古代哲学的一对基本概念。《易经·系辞》中说“天尊地卑，乾坤定矣”，其中的天、乾和尊为阳，地、坤和卑就为阴；“动静有常，刚柔断矣！”动和刚又为阳，静和柔又为阴。阴阳的基本含义是：自然界和社会中任何事物都有两种属性，这就是阴阳。凡是向上、向外、刚强、光明以及顺序的单数等都为阳，反之为阴。就人来说，男人为阳，女人为阴；就自然界来说，天为阳，地为阴；被阳光照射的一面为阳，照不到的一面为阴；就人类社会来说，过去的为阴，未来的为阳等等。阴阳学说是四柱以及一切术数预测的理论基础之一，在四柱预测的具体操作中运用的十分广泛。阴阳不仅是理论，从预测角度讲更是技术。天干地支皆分阴阳，各有独特的应事规律。阴阳属性在确定六亲时更重要，不懂阴阳就分不出六亲的偏正,分不清偏正就定不准六亲，定不准六亲也就无法预测。

第二节　五行概说

五行学说是中国古代哲学中最伟大的理论体系。中国的一切术数都是阴阳五行文化的产物。阴阳五行的思想是中国古代神秘文化的核心，它构成了庞大的技术推演体系，并被渗透到人们生活的各个方面。五行理论的基本含义就是世界由五种物质构成，或者说五种物质属性构成了世界的本质。这五种物质或物质属性之间相互作用，就是所谓的生克。五行之间的运动规律决定了自然和人类社会的发展，也决定了每个人的命运。

五行：金木水火土。五行的特性，古人称“木曰曲直”，是说木具有生长、升发、条达舒畅等性质；“火曰炎上”，是说火具有温热、上升的特性；“土爰稼穑”，是说土具有生化、承载、受纳的功能和特点；“金曰从革”，是说金具有清洁、肃降、收敛等作用；“水曰润下”，是说水具有寒凉、滋润、向下运行的性质。它们之间除了存在着相生相克的关系外，还有一些特殊的作用关系，但从本质上说都是生克。也就是无论叫什么名堂，作用的结果都是一方增力，一方减力。

五行间是顺位相生，即金生水，水生木，木生火，火生土，土生金。土生金是个复杂的问题。天干土可以无条件的论土生金，地支土就不是了，后面将详细讲述。五行相生的关系图是：

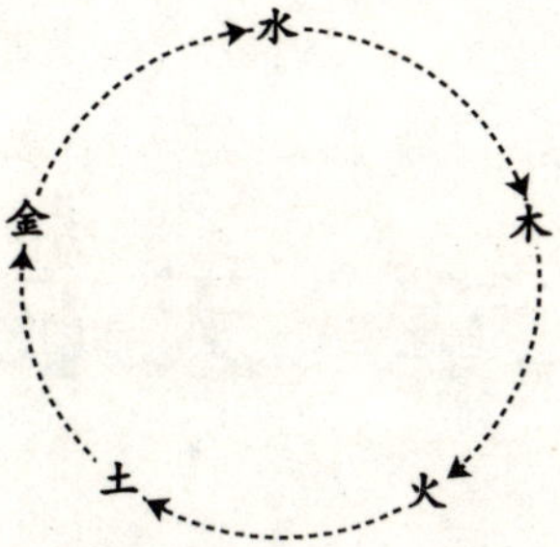

五行之间是隔位相克，就是金克木，木克土，土克水，水克火，火克金。五行相克的关系图是：

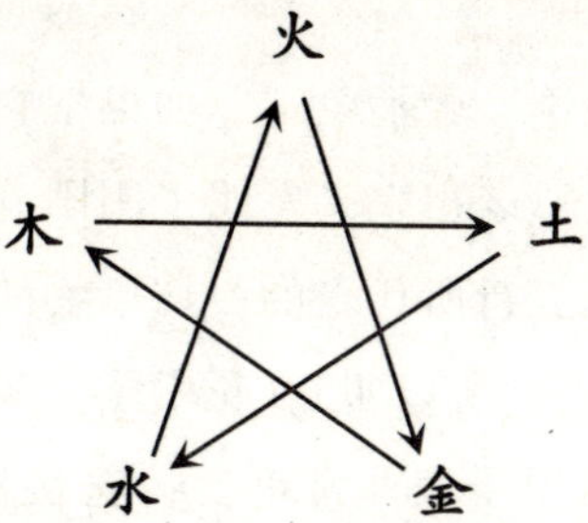

这是五行间最简单最基本的作用关系。阴阳五行及其生克原理是四柱预测的理论基础，不熟练地掌握它，就谈不上预测。

五行代表的事物：

1. 方位： 东方为木，南方为火，西方为金，北方为水。土的方位比较复杂，地支土按十二地支代表的方位确定即可。五行方位的问题只是相对的概念。请看本书下篇《调整方位能改变人的命运吗》一章。

2. 颜色： 金代表白色，木代表绿色，水代表黑色，火代表红色，土代表黄色。

3. 五行配四时： 春天木，夏天火，秋天金，冬天水，四季末为土。

4. 五行在四时的旺衰： 寅卯月木旺火旺，其他五行都为弱；巳午月火旺土旺，其他五行都为弱；申酉月金旺水旺，其他五行都为弱；亥子月水旺木旺，其他五行都为弱；辰丑月湿土金旺，辰月的壬水旺，丑月的癸水也旺，其他五行都为弱；未戌月土旺；未月的丁火也旺，戌月的丙火也旺。

第二章　天干地支

第一节　六十花甲子

阴阳五行是纯粹的理论，太抽象了。如果把它运用到具体的事物中，必须有一个载体才行。于是，老祖宗又发明了阴阳五行理论的载体——天干地支，以它来具体表征阴阳五行所代表的一切事物的内涵。十天干与十二地支相配，循环一周正好60组，所以叫60花甲子。实际上就是十天干和十二地支的最小公倍数。这个花甲子表非常重要，它是阴阳五行理论的表现形式，是一切术数预测的工具。自然，庞大的四柱预测推演系统就用它来展开。

下表中的序数是二十世纪中公元年份的数字，和序数在一格的干支为此年的干支。如甲子为24，即1924年为甲子年；乙丑为25，即1925年为乙丑年；40为庚辰，即1940年为庚辰年。其他依此类推。花甲子表正好六十组，每六十年又转回来。所以1924年加上60年就是1984年，1984年就是甲子年，1985年又成乙丑了。记住二十世纪这六十个流年的基本序号，遇到1984年以后和1923年前的一算就出来了 。

天干地支的产生经过已经成了千古之谜。大挠创制天干地支的说法，因为没有更确切的证据，也只能作为传说来对待。南怀瑾先生认为，易经不是我们老祖宗的发明，而是在我们人类社会之前还有一个文明，是那个文明发明了易经。不知什么原因那个文明消失了，我们老祖宗意外地继承了易经这份遗产（见南先生《易经杂说》)。南先生的推断尽管没有什么能够说服人的依据，但也从另一个方面说明，有关易经干支这些神秘文化的来龙去脉看来已经很难完全说得清了。

六十花甲子表

甲子 24	甲戌 34	甲申 44	甲午 54	甲辰 64	甲寅 74
乙丑 25	乙亥 35	乙酉 45	乙未 55	乙巳 65	乙卯 75
丙寅 26	丙子 36	丙戌 46	丙申 56	丙午 66	丙辰 76
丁卯 27	丁丑 37	丁亥 47	丁酉 57	丁未 67	丁巳 77
戊辰 28	戊寅 38	戊子 48	戊戌 58	戊申 68	戊午 78
己巳 29	己卯 39	己丑 49	己亥 59	己酉 69	己未 79
庚午 30	庚辰 40	庚寅 50	庚子 60	庚戌 70	庚申 80
辛未 31	辛巳 41	辛卯 51	辛丑 61	辛亥 71	辛酉 81
壬申 32	壬午 42	壬辰 52	壬寅 62	壬子 72	壬戌 82
癸酉 33	癸未 43	癸巳 53	癸卯 63	癸丑 73	癸亥 83

第二节 十天干

十天干：甲乙丙丁戊己庚辛壬癸

1. 阴阳属性：

五阳干：甲丙戊庚壬；

五阴干：乙丁己辛癸。

2. 五行属性：

甲乙为木，丙丁为火，戊己为土，庚辛为金，壬癸为水。

3. 天干代表的方位：

甲乙东方木；丙丁南方火；戊己和丙丁一个位置；庚辛西方金；壬癸北方水。每个天干代表 45 度的范围。

第三节　十二地支

十二地支：子丑寅卯辰巳午未申酉戌亥

1. 阴阳属性：

六阳支：子寅辰午申戌

六阴支：丑卯巳未酉亥

顺便说一下，现在好多四柱预测流派都还在用地支藏干，依据《滴天髓》的叫法把它称做人元。实践证明，根本用不着去查什么地支藏干。至于中气余气之说也无意义。只要把地支的四土区分开就行了。未戌土为干土不生金而脆金，同时能扶戊己土。辰丑土是湿土能生金，但只有它和戊己是同柱时才能帮扶戊己土。其它干支只论本气即可。

2. 地支的五行属性：

子亥为水；寅卯为木；巳午为火；申酉为金；辰丑为湿土，有水性，可晦火生金；戌未为干土，有火性，可脆金扶土。

3. 地支代表的方位：

子为正北方；丑寅为东北方；卯为正东方；辰巳为东南方；午为正南方；未申为西南方；酉为正西方；戌亥为西北方。它们代表的不是一条线，而是每支代表 30 度的范围。明确天干地支代表的方位及其范围很重要，运用命理风水时必须使用它。

4. 十二地支配月：

地支表示流月的方式和天干不同。天干配月是活的，地支配月是固定的。十二个地支配十二个月一成不变，每年都相同。所以正月叫建寅，即正月叫寅月。其它依次是二月建卯，三月建辰，四月建巳，五月建午，六月建未，七月建申，八月建酉，九月建戌，十月建亥，十一月建子，十二月建丑。天干因为只有十个，所以每年配月是不同的。每个流年如何配每个月的天干叫年上起月法。下面的有关章节将做详细说明。

5. 地支代表的时辰：

23 点到 1 点为子时，1 点到 3 点为丑时，3 点到 5 点为寅时，5 点到 7 点为卯时，7 点到 9 点为辰时，9 点到 11 点为巳时，11 点到 13 点为午时，13 点到 15 点为未时，15 点到 17 点为申时，17 点到 19 点为酉时，19 点到 21 点为戌时，21 点到 23 点为亥时。

6. 地支配四季：

寅卯辰月为春季；巳午未月为夏季；申酉戌月为秋季；亥子丑月为冬季。

第四节　十干生旺死绝表

五行也像任何事物一样，有一个产生发展衰亡再产生再发展再衰亡的过程。古人也认识到了这个规律。它们根据自己的认识制定了一个五行生旺衰死绝的表，并把这个过程确定为十二个阶段。一年中的每一个月代表一个阶段。每个阶段都有特定的名称和含义。按古人的解释，从长生到帝旺为五行依次渐旺的阶段；从衰到胎养等都为弱的阶段。其实如果把这个表作为一个理论假设，进而更广更深的研究五行发生发展的规律也无不可。但是古人又把它用到四柱预测领域，而且作为一项不可更动的技术规范来对待。这就乱套了。古人还规定同五行的阴干和阳干在生旺死绝的顺序上又顺逆不同，阴干逆行，阳干顺行。把正常的五行运动弄成了迷糊阵，让人们无所适从。那么这个表还有没有用呢？国英以为，既然这个表流传了这么多年，又流传的这么广，还是应该收到四柱著作中来，以备研究之用。但用法要活起来，决不能按古人说的死搬硬套。具体怎么用呢？这个表主要用于分析日干旺衰的，那么在分析日干旺衰时，按日干与月令的生克关系定日干旺衰就可以了：月令是日干的印比，日干旺于月令；月令是日干的财官伤，日干弱于月令。

以丙火为例：丙火生于寅卯月，寅卯木为丙之印枭，丙旺于月令；

丙火生于辰月，辰土是丙火之食神，丙火弱于月令；

丙火生于巳午月，巳午为丙火的比劫，丙火旺于月令；

丙火生于未月，未土是丙之伤官，但未中火气较旺，丙火在此月不旺不弱；

丙火生于申酉月，申酉金为丙之财，丙弱于申酉月；

丙火生于戌月，戌土为丙之库根，丙旺于月令；

丙生于亥子月，亥子为丙之官杀，丙弱于月令；

丙生于丑月，丑土为丙之伤官，丙弱于月令。

其它天干和月令的关系依此类推。

辰戌丑未四墓库的信息量很大，库在局中起好作用时，命主富贵程度大。

节令 天干 状态	甲	丙戊	庚	壬	乙	丁己	辛	癸
长生	亥	寅	巳	申	午	酉	子	卯
沐浴	子	卯	午	酉	巳	申	亥	寅
冠带	丑	辰	未	戌	辰	未	戌	丑
临官	寅	巳	申	亥	卯	午	酉	子
帝旺	卯	午	酉	子	寅	巳	申	亥
衰	辰	未	戌	丑	丑	辰	未	戌
病	巳	申	亥	寅	子	卯	午	酉
死	午	酉	子	卯	亥	寅	巳	申
墓	未	戌	丑	辰	戌	丑	辰	未
绝	申	亥	寅	巳	酉	子	卯	午
胎	酉	子	卯	午	申	亥	寅	巳
养	戌	丑	辰	未	未	未	丑	辰

第五节 天干地支代表年月日时

在我国没采用公元纪年之前，古人一直是用干支来纪年的，并且还用干支来记月记日记时。某年某月某日某时叫什么都是有一定之规的，保证出不了差错。比如公元 2003 年，按古人的叫法为癸未年，2004 年就为甲申年，2005 年依次就为乙酉年了。就这么排下去，排完 60 年再从头开始。所以前边的那个花甲子表很重要，学我们这一行，什么都离不开它。干支纪月如前所述，是根据每年天干的不同而定，且有专门法则的。时辰的干支是根据日的天干排定。现在一查万年历表就知道某年某月某日的干支。别小看了这个表，一说就知道它了不起了：究竟这种纪元法是从哪年开始的，现在没人说的清。邵康节计算出尧元年即公元前 2357 年是甲辰年，我想邵康节肯定是根据他所生活的宋朝的某年干支为基准反推的。老祖宗用干支纪元肯定有开始的那一年，那么老祖宗根据什么把开始的那年定做那个天干那个地支呢？正因为有了那个天干和那个地支，才有了今天的癸未年甲申年。没有开始的那一年那一天，也就没有现在每一天的干支了。我们知道，古人给我们规定的这些东西在预测时一点都不能错，别说日子不能错，时辰错了也预测不准了。正因为有了老祖宗用干支记年记月记日记时的方法，才使四柱预测由可能变成现实。当然这不是我们讨论的重点，我们所要研究的核心问题是阴阳五行运动规律在时间上对人们命运的影响，天干地支只是它的形式而已。

第六节 六甲空亡

空亡也叫旬空。就是十天干和十二地支相配，十个天干配完了还剩两个地支，剩余的这两个地支就叫空亡支。空亡的理论和技术非常重要。在实际预测中，月令也论空亡的。我在讲课时，有好多的易友对此就有疑问。有的易友认为月令是衡量其它字旺衰的依据，一年十二个月的五行各呈旺衰,月令的存在是不以人们的意志为转移的，怎么会空亡呢?

还有的人说月令空亡等于没有，难道那个月就不过了吗？这些诘问好象都有道理。那么怎么对待这些诘问或疑问呢？国英认为，四柱预测是一门以实践为根本生命力的学问。理论上说的再通，如果算不准命，这个理论也没有任何价值。况且到现在为止，我们对老祖宗的阴阳五行理论以及派生的东西还有好多好多方面没法讲清楚。我们都知道四柱预测所依赖的理论基础是阴阳五行，而天干地支是这些理论的承载体。古人为什么规定十个天干而多两个地支，这其中还有别的什么深刻的东西也不得而知。大概真正弄明白了这一点才能从根本上弄清空亡的理论意义，就像我们并不知道古人为什么规定 2003 年是癸未年而不是壬午年一样，但这并不影响我们使用。因为大家都知道用癸未代表 2003 年的干支去算命就准，用壬午代表 2003 年的干支不准就行了。一时从理论上弄不清的就先不去管它，只要用它算命算得准就可以了。能算准命的预测理论就是正确的。这是真理！

顺便说一下，月（月柱）就是根据月亮绕地球运转一圈的时间来定的；年（年柱）则是地球绕太阳转一圈的时间确定的；日（日柱）是根据地球自转一圈的时间确定的，时（时柱）则是太阳照射地球角度的反映。这都是常识。问题是，月亮的质量很小，是地球的一个卫星，怎么会在决定和影响人们命运方面起如此大的作用呢。难道这个月球围绕地球转一圈还有别的什么意义吗？这是很值得研究的课题。从本质上说，四柱是五行旺衰状况在时间上的反映，而时间的计算无论如何也离不开地球围绕太阳转、月亮绕地球转和地球自转这些基本的天文常识的。所以，天文学中的一些奥秘也许是解开阴阳五行之谜的钥匙。

六甲空亡表

甲子旬	甲戌旬	甲申旬	甲午旬	甲辰旬	甲寅旬
甲子	甲戌	甲申	甲午	甲辰	甲寅
乙丑	乙亥	乙酉	乙未	乙巳	乙卯
丙寅	丙子	丙戌	丙申	丙午	丙辰
丁卯	丁丑	丁亥	丁酉	丁未	丁巳
戊辰	戊寅	戊子	戊戌	戊申	戊午
己巳	己卯	己丑	己亥	己酉	己未
庚午	庚辰	庚寅	庚子	庚戌	庚申
辛未	辛巳	辛卯	辛丑	辛亥	辛酉
壬申	壬午	壬辰	壬寅	壬子	壬戌
癸酉	癸未	癸巳	癸卯	癸丑	癸亥
戌亥空	申酉空	午未空	辰巳空	寅卯空	子丑空

第三章　节　气

节气在四柱预测中是区分五行旺衰的阶段性标志。年月的界限都以节气为准。每个月有两个节气，前边的叫节，后边的叫气。每个阴历年都是从立春这天开始，到下一个立春结束。老百姓习惯上以正月初一这天为界，如果不是专业工作者这无所谓。但如果作为专业工作者则必须知道两个阴历年之间以立春为界，因为你要排四柱，要给人预测。如 1985 年腊月十五卯时立春，那么腊月十五辰时生的孩子就属虎而不属牛了。每年阴历第一个月叫寅月，也是从立春开始，到惊蛰结束，中间夹了个雨水。寅月中的节就是立春，气即为雨水。每个月都有一节一气。每个月都从节开始，到下一个节结束。这些知识对排大运很重要，每个人几岁几个月几天起大运就是根据此规定来的。

二十四节气歌诀：

春雨惊春清谷天，

夏满芒夏二暑连，

秋处白秋寒霜降，

冬雪雪冬小大寒。

每月节气表：

流月	寅月	卯月	辰月	巳月	午月	未月	申月	酉月	戌月	亥月	子月	丑月
节	立春	惊蛰	清明	立夏	芒种	小暑	立秋	白露	寒露	立冬	大雪	小寒
气	雨水	春分	谷雨	小满	夏至	大暑	处暑	秋分	霜降	小雪	冬至	大寒

第四章　四柱的排法

人出生的年月日时四个时间各用一个天干和地支来表示，这样就有了四个天干和四个地支。合起来八个字，这就是所谓的“四柱”。从四柱预测角度也叫命局。所谓的四柱预测就是指对这八个字进行分析，找出用神忌神——也就是对日干旺衰程度起好作用和坏作用的字。再根据命局大运流年三者关系的规则看大运流年使命局哪个字增力了，哪个字减力了，从而断出此年的吉凶之应也就可以了。古人在写四柱时习惯上把天干放在上面，把地支放在天干的下面，这样四柱本身就表现为四个部分，所以古人称之为四柱。说到“柱”，还有个问题要说清楚：干支的阴阳同柱同论，即同一柱的干和支都是阴阳同性，绝不会出现同一柱干支阴阳不同的情况。如甲子，甲和子都为阳性。过去所谓子中藏癸水，从而子为阴的说法是错误的。如果真的像古人说得那样，甲子之甲为阳，子水为阴，那么这个甲子柱是阴是阳？生在甲子年的人大运怎么排？天干为阳地支为阴算阳年还是阴年？古人规定凡地支为子午的柱都是干阳支阴；地支为巳亥的柱则都为干阴支阳。这么一来，此类年头就占了四分之一。那么这些年到底是阴年还是阳年啊？总不能和人一样也弄出个阴阳年吧！其实古人虽然这么说，用起来却一点也不含糊，否则他们预测时就没法起大运了，当然也就没法预测了。因此，同柱的阴阳属相相同。如果还有疑问就再加一句：柱的阴阳属性一律以天干为准定。

第一节　年柱 月柱 日柱 时柱

年柱，就是命主（四柱所代表的人）出生年的干支。在两个立春之间都为一个年柱。如，2003年立春到2004年立春这十二个月就为癸未年。2004年立春到2005年立春这十二个月就为甲申年。

月柱，每个流月用干支表现出来就为月柱。从二十四节气说，每月始于节，终于节。如卯月，是从惊蛰开始，到清明结束；辰月从清明开始到立夏结束等。农历中的所谓闰月和节气不矛盾。无论有没有闰月，一年中24个节气是不能多也不能少的。在实际排四柱时，只考虑节气的起始和结束就可以了。所以作为专业工作者应该把每年农历的一月叫寅月，而不叫正月，叫卯月而不叫二月。因为他们的外延有时出入很大的。如正月是从正月初一开始到三十结束。而寅月就不一定了，可能在腊月十五（立春）就开始了，也可能在正月十五才开始（立春）。学习预测对此不可不察。

推月柱是不用查万年历的，记住推流月的口诀就可以了：

甲己之年丙做首，乙庚流年戊为头；
丙辛之年从庚起，丁壬壬寅顺水流；
戊癸流年从何起，甲寅乙卯顺着走。

意思是说，逢甲和己为天干的流年，寅月的天干从丙开始，即为丙寅月，二月为丁卯月，三月为戊辰月，其它的月份依此类推；逢乙庚为天干的流年，寅月的天干从戊开始，即为戊寅月，二月为己卯月，三月为庚辰月，其它流月依此类推；逢丙辛为流年的天干时，寅月的天干从庚开始，即为庚寅月，二月为辛卯月，三月为壬辰月，其它流月依此类推；逢丁壬为天干的流年时，寅月的天干从壬开始，即为壬寅月，二月为癸卯月，三月为甲辰月，其它流月依此类推；逢戊癸为流年的天干时,寅月的天干从甲开始，即为甲寅月，二月为乙卯月，三月为丙辰月等等，其它流月依此类推。

每年流月表

甲己年	乙庚年	丙辛年	丁壬年	戊癸年
丙寅月	戊寅月	庚寅月	壬寅月	甲寅月
丁卯月	己卯月	辛卯月	癸卯月	乙卯月
戊辰月	庚辰月	壬辰月	甲辰月	丙辰月
己巳月	辛巳月	癸巳月	乙巳月	丁巳月
庚午月	壬午月	甲午月	丙午月	戊午月
辛未月	癸未月	乙未月	丁未月	己未月
壬申月	甲申月	丙申月	戊申月	庚申月
癸酉月	乙酉月	丁酉月	己酉月	辛酉月
甲戌月	丙戌月	戊戌月	庚戌月	壬戌月
乙亥月	丁亥月	己亥月	辛亥月	癸亥月
丙子月	戊子月	庚子月	壬子月	甲子月
丁丑月	己丑月	辛丑月	癸丑月	乙丑月

日柱，就是命主出生这天的干支。万年历上都有，一查就是。除了盲人外，现在极少有人用“银盘子”之类口诀查四柱了。日柱的时间界限是两个23时之间。如2003年公历4月8日，是从4月7日的23时开始，到8日的23时结束。

日柱中的日干在四柱预测中具有特殊的意义，这不仅因为它代表命主本人，还因为四柱预测要从它开始。定格局，实际上就是分析日干这个字的旺衰，然后找出本命局的用忌神。它还有许多叫法：日元，日主，身等。说的都是一个意思，就是日干！身旺，就是日干旺；身弱，就是日干弱；从弱，就是日干从弱；从强，就是日干从强等等。

时柱，即命主出生的时辰，用干支表示出来就是时柱。两个小时为一个时辰，单数是时辰的界限。如23时到1时为一个时辰，1时到3时为一个时辰等等。每天12个时辰，从子时开始，到亥时结束，各有自己的干支。时柱可以通过日柱推算出来。

口诀是：

甲己还加甲，乙庚丙作初，
丙辛从戊起，丁壬庚子行，
戊癸从何起，壬子顺行真。

时柱的推算法和月柱差不多，都是地支固定，只推天干。

口诀的意思是：逢天干为甲己的日子，时辰从甲子时开始排，依次是甲子时、乙丑时、丙寅时一直到甲戌时、乙亥时结束；逢天干是乙庚的日子，时辰从丙子时开始排，依次是丙子时、丁丑时、戊寅时一直到丙戌时、丁亥时结束；逢天干为丙辛的日子，时辰从戊子时开始排，依次是戊子时、己丑时、庚寅时一直到戊戌时、己亥时结束；逢天干为丁壬的日子，时辰从庚子时开始排，依次是庚子时、辛丑时、壬寅时一直到庚戌时、辛亥时结束；天干是戊癸的日子，时辰从壬子时排起，依次是壬子时、癸丑时、甲寅时一直到壬戌时、癸亥时结束。

每日时辰表

时辰＼日干 时间	甲己日	乙庚日	丙辛日	丁壬日	戊癸日
23 时–0 时	甲子时	丙子时	戊子时	庚子时	壬子时
1 时–3 时	乙丑时	丁丑时	己丑时	辛丑时	癸丑时
3 时–5 时	丙寅时	戊寅时	庚寅时	壬寅时	甲寅时
5 时–7 时	丁卯时	己卯时	辛卯时	癸卯时	乙卯时
7 时–9 时	戊辰时	庚辰时	壬辰时	甲辰时	丙辰时
9 时–11 时	己巳时	辛巳时	癸巳时	乙巳时	丁巳时
11 时–13 时	庚午时	壬午时	甲午时	丙午时	戊午时
13 时–15 时	辛未时	癸未时	乙未时	丁未时	己未时
15 时–17 时	壬申时	甲申时	丙申时	戊申时	庚申时
17 时–19 时	癸酉时	乙酉时	丁酉时	己酉时	辛酉时
19 时–21 时	甲戌时	丙戌时	戊戌时	庚戌时	壬戌时
21 时–23 时	乙亥时	丁亥时	己亥时	辛亥时	癸亥时

现在电脑越来越普及。有条件的四柱预测爱好者可为家庭电脑或掌上电脑安装一套四柱排盘软件。使用时既方便又准确。人工计算大运往往出错误。

下面排一四柱：某人于北京时间2003年公历11月5日10时15分出生，出生地点：中国山东省淄博市。

2003年的年柱是癸未年；公历11月5日是在寒露和立冬之间，月柱为壬戌；查万年历，11月5日的干支是壬午；淄博地处东经118度上，比北京时间晚8分钟，那地方时间是10时零7分，11月5日求真太阳时还需加上16分钟，那么命主出生的真太阳时是10时23分，9时到11时都为巳时，那肯定巳时无问题了。根据日上起时的口诀，时柱为乙巳。

这个四柱规范的排出来就是：

癸未　壬戌　壬午　乙巳

因为一个时辰是两个小时，类似以上出生地时间与北京时间差十分二十分的也肯定为一个时辰，无论怎么算都不会超出中午11点的界限。所以就不必再费劲查真太阳时了。熟练之后自然就能生巧了。

第二节　南半球的四柱如何排以及地球东西的界限在哪里

我们生活在北半球，排四柱是这么排，那么南半球呢？北半球和南半球季节正好相反，如果再这么排四柱肯定错了。那么怎么排呢？国英认为，南半球的年柱和北半球相同，这没什么争议。因为南北半球的四季正好是相反的，则月柱应该和北半球相反。怎么反呢？用和北半球月柱干支都相冲的才行。如，北半球是甲午月，则南半球应该是庚子月；北半球是丁亥月，则南半球应是癸巳月，其它月柱以此类推。定日柱和时柱的规则和北半球也相同。因为南半球的地球也是自西向东转。北半球四季的变化是通过二十四节气反映出来的。南半球也必须用二十四节气的规则确定各个月柱间的界限，但这个节气顺序正好和北半球相反的才行。确定了月柱间的界限，才能解决如何起大运的问题。以上问题都需要从技术的角度定下来。所谓从技术角度定下来，就是要形成操作规范，而不是理论探讨。易学研究和应用正在走向世界，这是亟需解决的课题。

地球是圆的，我们现在都知道，但老祖宗不知道。他们认为天才是圆的，地是方的，就是古人所谓的天圆地方。所以他们说的东西南北都是以中国为准，确切的说是以西安为准。站在西安，面对太阳出来的地方就是东边，太阳落山的地方就是西边。因为我们在北半球，太阳出来到落下之间这段距离的最中间部分就是南面。与南面相对的就是北面。可现在我们知道了地球是圆的。地球的南和北因为有赤道和两极的存在还好分一些。严格区分东半球和西半球就相当困难了。是不是其它地方的时辰按真太阳时的办法推就可以了呢？东西经 180 度也就是国际日期变更线是近代地理学人为的产物，我们所说的东和西以此为界真的科学吗？过了国际日期变更线那一面，比如西经 170 度，真是在我们的西方吗？在华盛顿出生按北京时间减去 12 个小时就是平太阳时了吗？再按求真太阳时的办法计算完毕就可以定日柱和时辰了吗？国英对这个问题的看法是，既然四柱预测术在中国这片土地上产生，又在中国这片土地发展，肯定就有它的必然性。老祖宗认为中国应该为“中”，从现代人预测的实践看也是正确的。那就应该以中国为准向东延伸 180 度，向西延伸 180 度。这两个 180 度交界的地方才是我们预测所说的东和西的界限，而不是国际日期变更线。这样四柱预测所用的东和西的界限应该在美洲了。以中国为“中”，也有个以中国什么地方为“最中”也就是 起点的问题。国英以为，以西安这个四柱（当时还是六字）的发源地为最中是合适的。即东经 110 度左右为“最中”，向西和东分别延伸 180 度。这样世界东西的界限是在西经 70 度线上。整个美洲大陆就因此一分为二了。北美洲大部分地区属东部，南美洲大部分地区却属西部了。

第五章
四柱的时辰如何确定
——关于真太阳时

时辰究竟应该按照什么标准确定呢？是按北京时间确定？还是按当地时间确定？其实确定时间唯一的标准就是太阳相对于地球的照射角度，也就是天文学上所谓的真太阳时。即：真太阳时=平太阳时+真平太阳时差。因此，确定出生时辰必须根据命主的出生地点，推算出当地的平太阳时；再根据平太阳时推算出真太阳时，不能简单地沿用北京时间。有时候这个问题不仅仅牵涉时辰，还需要改变日柱。还有个问题，就是用真太阳时的规则确定时辰对不对呢？有的同行认为不管出生在哪里，一律要换算成北京时间才对。我通过为国内国外易友的大量预测得出结论，可以肯定地说用真太阳时的理论确定时辰是正确的。

2003 年网上预测四柱（本书收录的所有网上预测四柱都是实录。原有语言风格乃至语法、标点特点都不做修改，以保持网上预测的真实感）。

请祝老师指点

乾造：**丙辰　己亥　癸未　己未**

命主四岁起大运

大运：**庚子　辛丑　壬寅　癸卯　甲辰　乙巳　丙午**

请问上个大运（辛丑）学业如何？

国英测：辛丑运在重点学校读书，但学习成绩不突出的。

问：厉害!!! 祝老师，真是神！看来不能论“官杀混杂”这一说。

请给予解答三个问题

1. 今年考研究生运气如何？还会进入重点学校吗？

2. 此命造财运如何？婚姻是否一直美满？

3. 此命儿女如何？

国英测：今年考学会被重点学校录取；财运不是大富，但小康之家（有房子有车）绝无问题；婚姻很好，妻子贤惠很体贴老公的，还能帮上老公；子女的情况要看子女四柱。

答：十分感谢！祝老师，您说得很对！他们夫妻也很幸福，经济上无任何负担。

此人父亲是某大学一个系的主任，家庭条件小康。其母在20世纪60年代曾是硕士在读，婚后毅然放弃学业，全职在家相夫教子。此人姐姐也是名牌大学博士。应该算是书香门第！

最后一个问题，您看此人以后会做什么工作？不会常换工作吧？因其命中多重官，我有这个疑问。

国英测：做大学老师或研究员之类最合适，因为做公务员掌不了大权的。本人没官瘾啊，不去追求怎么掌权啊！呵呵。

答：祝老师，您真是太神了！此人最讨厌跟人争东西，他一直说“希望一辈子都在学校度过，学习也好，教书也好，过的简单些！”看来他能如愿了！

实不相瞒，此人是美国人。他考大学时是全州第一（差几分满分）进了很好的学校，因为对所学的专业不感兴趣，所以混日子而过。考研究生(GRE考试)的分数也是满分，只是不知道是否会被好学校录取，因此特来请教！

谢谢祝老师！

国英测：天！你不说还真不知道他是美国人。谢谢这位易友直言相告！你是按他出生地的时间排的四柱吧

答：是的！是按出生地的时间排的。他是在英国出生的，父亲是英国

人，母亲是美国人！

类似这样的命例国英在网上预测了很多。在本书其它章节中也有此类命例。

为方便易友，下面列出中国各主要城市的平太阳时与北京时间对照表，供定时辰使用。世界各城市的平太阳时与北京时间的差值可参照本办法计算。

中国各主要城市平太阳时差对照表:

台北 121 度 31 分 +6 分 04 秒

呼和浩特 111 度 38 分 –33 分 28 秒

包头 110 度 00 分 –40 分 00 秒

海拉尔 119 度 43 分 –1 分 08 秒

太原 112 度 33 分 –29 分 48 秒

临汾 111 度 31 分 –33 分 56 秒

大同 113 度 13 分 –27 分 08 秒

长治 113 度 13 分 –27 分 08 秒

石家庄 114 度 26 分 –22 分 16 秒

唐山 118 度 09 分 –7 分 24 秒

秦皇岛 119 度 37 分 –1 分 32 秒

承德 117 度 52 分 –8 分 32 秒

保定 115 度 28 分 –18 分 08 秒

张家口 114 度 55 分 –20 分 20 秒

北京 116 度 28 分 –14 分 08 秒

沈阳 123 度 23 分 +13 分 32 秒

鞍山 123 度 00 分 +12 分 00 秒

锦州 123 度 09 分 +12 分 36 秒

大连 121 度 38 分 +6 分 32 秒

长春 125 度 18 分 +21 分 12 秒

吉林 126 度 36 分 +26 分 24 秒

哈尔滨 126 度 38 分 +26 分 32 秒

牡丹江 129 度 36 分 +38 分 24 秒

齐齐哈尔 123 度 55 分 +15 分 40 秒

上海 121 度 26 分 +5 分 44 秒

南京 118 度 46 分 –4 分 56 秒

无锡 120 度 18 分 +1 分 12 秒

苏州 120 度 39 分 +2 分 36 秒

徐州 117 度 12 分 –11 分 12 秒

合肥 117 度 16 分 –10 分 56 秒

芜湖 118 度 20 分 –6 分 40 秒

安庆 117 度 02 分 –11 分 52 秒

济南 117 度 02 分 –11 分 52 秒

烟台 121 度 22 分 +5 分 28 秒

青岛 120 度 19 分 +1 分 16 秒

天津 117 度 10 分 –11 分 20 秒

杭州 120 度 10 分 +0 分 40 秒

绍兴 120 度 40 分 +2 分 40 秒

宁波 121 度 34 分 +6 分 16 秒

金华 119 度 49 分 +0 分 44 秒

温州 120 度 38 分 +2 分 32 秒

南昌 115 度 53 分 –16 分 28 秒

九江 115 度 59 分 –16 分 04 秒

赣州 114 度 56 分 –20 分 16 秒

福州 119 度 19 分 –2 分 44 秒

厦门 118 度 04 分 –7 分 44 秒

泉州 118 度 37 分 –5 分 32 秒

长沙 112 度 55 分 –28 分 20 秒

湘潭 112 度 51 分 –28 分 36 秒

常德 111 度 39 分 –33 分 24 秒

衡阳 112 度 34 分 –29 分 44 秒

武汉 114 度 20 分 –22 分 40 秒

监利 112 度 53 分 –28 分 28 秒

沙市 112 度 17 分 –30 分 52 秒

宜昌 111 度 15 分 –35 分 00 秒

郑州 113 度 42 分 –25 分 12 秒

新乡 113 度 54 分 –24 分 24 秒

许昌 113 度 48 分 –24 分 48 秒

洛阳 112 度 26 分 –30 分 16 秒

开封 114 度 23 分 –22 分 28 秒

广州 113 度 18 分 –26 分 48 秒

珠海 113 度 18 分 –26 分 48 秒

澳门 113 度 18 分 –26 分 48 秒

韶关 113 度 33 分 –25 分 48 秒

汕头 116 度 40 分 –13 分 20 秒

深圳 113 度 33 分 –25 分 48 秒

香港 114 度 10 分 –23 分 20 秒

海口 110 度 19 分 –38 分 44 秒

南宁 108 度 21 分 –46 分 36 秒

桂林 110 度 10 分 –39 分 20 秒

梧州 111 度 18 分 –34 分 48 秒

柳州 109 度 19 分 –42 分 44 秒

贵阳 106 度 43 分 –53 分 08 秒

遵义 106 度 53 分 –52 分 28 秒

成都 101 度 04 分 –75 分 44 秒

重庆 106 度 33 分 –53 分 48 秒

万县 108 度 22 分 –46 分 32 秒

内江 105 度 03 分 –59 分 48 秒

泸州 105 度 27 分 –58 分 12 秒

昆明 102 度 42 分 –69 分 12 秒

西安 108 度 55 分 –44 分 20 秒

延安 109 度 26 分 –42 分 16 秒

宝鸡 107 度 09 分 –51 分 24 秒

兰州 103 度 50 分 –64 分 40 秒

酒泉 98 度 30 分 –86 分 00 秒

天水 105 度 33 分 –57 分 48 秒

银川 106 度 13 分 –55 分 08 秒

西宁 101 度 49 分 –72 分 44 秒

乌鲁木齐 87 度 36 分 –129 分 36 秒

克拉玛依 84 度 51 分 –140 分 36 秒

哈密 93 度 29 分 –106 分 04 秒

和田 79 度 55 分 –160 分 20 秒

拉萨 91 度 02 分 –115 分 52 秒

达孜 91 度 23 分 –114 分 28 秒

林芝 94 度 28 分 –102 分 08 秒

曲水 90 度 44 分 –117 分 04 秒

贡嘎 90 度 58 分 –116 分 08 秒

林周 91 度 17 分 –114 分 52 秒

那曲 92 度 03 分 –111 分 48 秒

使用方法：

（1）当地的平太阳时=北京时间+4分钟×（当地经度−120）。实际就是地方平均时与北京时间相加减。如北京时间12:00时，武汉地区的平太阳时为12:00−22、42=11：37：18，即为11时37分18秒。

（2）凡本表未列之地区，可按当地之经度推算地方时，其原则以东经120度为基准，每减少1度则减4分钟，每增加1度则加4分钟，如某地位于东经105度，105−120=−15度，−15度×4分钟=−60分钟，则当地的地方时用北京时间减去60分钟；又如某地位于东经130度，130−120=10度，10度×4分钟=40分钟，则当地的地方时用北京时间加上40分钟，余类推。如果不能确定某地的经度，一个粗略的办法就是根据上表中所列的地区，找到其比较邻近的城市确定时差值。

（3）根据本表推算出来的地方时乃是平均太阳时，还须进一步推算出真太阳时才能论定时辰。因为地球绕太阳运行的轨道是椭圆的，所以地球相对于太阳的自转周期并不是十分均匀的。一年之内，有的时期要快一些，有的时期要慢一些，平均起来，折合一天24小时，称为平均太阳时。一年365天，每一天的平均太阳时与真太阳时都或多或少有些差异。下表将真平两种太阳时的差值表格列出，以供换算之需。

真太阳时与平均太阳时之差值表（用平均太阳时加减差值得真太阳时），此表为公历即阳历。

1月01日−3分9秒	1月02日−3分38秒
1月03日−4分6秒	1月04日−4分33秒
1月05日−5分1秒	1月06日−5分27秒
1月07日−5分54秒	1月08日−6分20秒
1月09日−6分45秒	1月10日−7分10秒
1月11日−7分35秒	1月12日−7分59秒
1月13日−8分22秒	1月14日−8分45秒
1月15日−9分7秒	1月16日−9分28秒

1月17日–9分49秒　　1月18日–10分9秒
1月19日–10分28秒　　1月20日–10分47秒
1月21日–11分5秒　　1月22日–11分22秒
1月23日–11分38秒　　1月24日–11分54秒
1月25日–12分8秒　　1月26日–12分22秒
1月27日–12分35秒　　1月28日–12分59秒
1月29日–13分10秒　　1月30日–13分19秒
1月31日–13分37秒

2月01日–13分44秒　　2月02日–13分50秒
2月03日–13分56秒　　2月04日–14分1秒
2月05日–14分5秒　　2月06日–14分9秒
2月07日–14分11秒　　2月08日–14分13秒
2月09日–14分14秒　　2月10日–14分15秒
2月11日–14分14秒　　2月12日–14分13秒
2月13日–14分11秒　　2月14日–14分8秒
2月15日–14分5秒　　2月16日–14分1秒
2月17日–13分56秒　　2月18日–13分51秒
2月19日–13分44秒　　2月20日–13分38秒
2月21日–13分30秒　　2月22日–13分22秒
2月23日–13分13秒　　2月24日–11分4秒
2月25日–12分54秒　　2月26日–12分43秒
2月27日–12分32秒　　2月28日–12分21秒
2月29日–12分8秒

3月01日–11分56秒　　3月02日–11分43秒
3月03日–11分29秒　　3月04日–11分15秒

3月05日-11分1秒　3月06日-10分47秒
3月07日-10分32秒　3月08日-10分16秒
3月09日-10分1秒　3月10日-9分45秒
3月11日-9分28秒　3月12日-9分12秒
3月13日-8分55秒　3月14日-8分38秒
3月15日-8分21秒　3月16日-8分4秒
3月17日-7分46秒　3月18日-7分29秒
3月19日-7分11秒　3月20日-6分53秒
3月21日-6分35秒　3月22日-6分17秒
3月23日-5分58秒　3月24日-5分40秒
3月25日-5分22秒　3月26日-5分4秒
3月27日-4分45秒　3月28日-4分27秒
3月29日-4分9秒　3月30日-3分51秒
3月31日-3分33秒

4月01日-3分16秒　4月02日-2分58秒
4月03日-2分41秒　4月04日-2分24秒
4月05日-2分7秒　4月06日-1分50秒
4月07日-1分33秒　4月08日-1分17秒
4月09日-1分1秒　4月10日+0分46秒
4月11日+0分30秒　4月12日+0分16秒
4月13日+0分1秒　4月14日+0分13秒
4月15日+0分27秒　4月16日+0分41秒
4月17日+0分54秒　4月18日+1分6秒
4月19日+1分19秒　4月20日+1分31秒
4月21日+1分42秒　4月22日+1分53秒
4月23日+2分4秒　4月24日+2分14秒

4 月 25 日+2 分 23 秒　　4 月 26 日+2 分 33 秒
4 月 27 日+2 分 41 秒　　4 月 28 日+2 分 49 秒
4 月 29 日+2 分 57 秒　　4 月 30 日+3 分 4 秒

5 月 01 日+1 分 10 秒　　5 月 02 日+3 分 16 秒
5 月 03 日+3 分 21 秒　　5 月 04 日+3 分 26 秒
5 月 05 日+3 分 30 秒　　5 月 06 日+3 分 37 秒
5 月 07 日+3 分 36 秒　　5 月 08 日+3 分 39 秒
5 月 09 日+3 分 40 秒　　5 月 10 日+3 分 42 秒
5 月 11 日+3 分 42 秒　　5 月 12 日+3 分 42 秒
5 月 13 日+3 分 42 秒　　5 月 14 日+3 分 41 秒
5 月 15 日+3 分 39 秒　　5 月 16 日+3 分 37 秒
5 月 17 日+3 分 34 秒　　5 月 18 日+3 分 31 秒
5 月 19 日+3 分 27 秒　　5 月 20 日+3 分 23 秒
5 月 21 日+3 分 18 秒　　5 月 22 日+3 分 13 秒
5 月 23 日+3 分 7 秒　　5 月 24 日+3 分 1 秒
5 月 25 日+2 分 54 秒　　5 月 26 日+2 分 47 秒
5 月 27 日+2 分 39 秒　　5 月 28 日+2 分 31 秒
5 月 29 日+2 分 22 秒　　5 月 30 日+2 分 13 秒
5 月 31 日+2 分 4 秒

6 月 01 日+1 分 54 秒　　6 月 02 日+1 分 44 秒
6 月 03 日+1 分 34 秒　　6 月 04 日+1 分 23 秒
6 月 05 日+1 分 12 秒　　6 月 06 日+1 分 0 秒
6 月 07 日+0 分 48 秒　　6 月 08 日+0 分 36 秒
6 月 09 日+0 分 24 秒　　6 月 10 日+0 分 12 秒
6 月 11 日+0 分 1 秒　　6 月 12 日+0 分 14 秒

6月13日+0分39秒	6月14日+0分52秒
6月15日–1分5秒	6月16日–1分18秒
6月17日–1分31秒	6月18日–1分45秒
6月19日–1分57秒	6月20日–2分10秒
6月21日–2分23秒	6月22日–2分36秒
6月23日–2分48秒	6月24日–3分1秒
6月25日–3分13秒	6月26日–3分25秒
6月27日–3分37秒	6月28日–3分49秒
6月29日–4分0秒	6月30日–4分11秒

7月01日–4分22秒	7月02日–4分33秒
7月03日–4分43秒	7月04日–4分53秒
7月05日–5分2秒	7月06日–5分11秒
7月07日–5分20秒	7月08日–5分28秒
7月09日–5分36秒	7月10日–5分43秒
7月11日–5分50秒	7月12日–5分56秒
7月13日–6分2秒	7月14日–6分8秒
7月15日–6分12秒	7月16日–6分16秒
7月17日–6分20秒	7月18日–6分23秒
7月19日–6分25秒	7月20日–6分27秒
7月21日–6分29秒	7月22日–6分29秒
7月23日–6分29秒	7月24日–6分29秒
7月25日–6分28秒	7月26日–6分26秒
7月27日–6分24秒	7月28日–6分21秒
7月29日–6分17秒	7月30日–6分13秒
7月31日–6分8秒	

8月01日-6分3秒
8月02日-5分57秒
8月03日-5分51秒
8月04日-5分44秒
8月05日-5分36秒
8月06日-5分28秒
8月07日-5分19秒
8月08日-5分10秒
8月09日-5分0秒
8月10日-4分50秒
8月11日-4分39秒
8月12日-4分27秒
8月13日-4分15秒
8月14日-4分2秒
8月15日-3分49秒
8月16日-3分36秒
8月17日-3分21秒
8月18日-3分7秒
8月19日-2分51秒
8月20日-2分36秒
8月21日-2分20秒
8月22日-2分3秒
8月23日-1分47秒
8月24日-1分29秒
8月25日-1分12秒
8月26日+0分54秒
8月27日+0分35秒
8月28日+0分17秒
8月29日+0分2秒
8月30日+0分21秒
8月31日+0分41秒

9月01日+1分0秒
9月02日+1分20秒
9月03日+1分40秒
9月04日+2分1秒
9月05日+2分21秒
9月06日+2分42秒
9月07日+3分3秒
9月08日+3分3秒
9月09日+3分24秒
9月10日+3分45秒
9月11日+4分6秒
9月12日+4分27秒
9月13日+4分48秒
9月14日+5分10秒
9月15日+5分31秒
9月16日+5分53秒
9月17日+6分14秒
9月18日+6分35秒
9月19日+6分57秒
9月20日+7分18秒

9月21日+7分39秒　　9月22日+8分0秒
9月23日+8分21秒　　9月24日+8分42秒
9月25日+9分2秒　　9月26日+9分22秒
9月27日+9分42秒　　9月28日+10分2秒
9月29日+10分21秒　　9月30日+10分40秒

10月01日+10分59秒　　10月02日+11分18秒
10月03日+11分36秒　　10月04日+11分36秒
10月05日+11分53秒　　10月06日+12分11秒
10月07日+12分28秒　　10月08日+12分44秒
10月09日+12分60秒　　10月10日+13分16秒
10月11日+13分16秒　　10月12日+13分31秒
10月13日+13分45秒　　10月14日+13分59秒
10月15日+14分13秒　　10月16日+14分26秒
10月17日+14分38秒　　10月18日+14分50秒
10月19日+15分1秒　　10月20日+15分12秒
10月21日+11分21秒　　10月22日+15分31秒
10月23日+15分40秒　　10月24日+15分48秒
10月25日+15分55秒　　10月26日+16分1秒
10月27日+16分7秒　　10月28日+16分12秒
10月29日+16分16秒　　10月30日+16分20秒
10月31日+16分22秒

11月01日+16分24秒　　11月02日+16分25秒
11月03日+16分25秒　　11月04日+16分24秒
11月05日+16分23秒　　11月06日+16分21秒
11月07日+16分17秒　　11月08日+16分13秒

11月09日+16分9秒 11月10日+16分3秒
11月11日+15分56秒 11月12日+15分49秒
11月13日+15分41秒 11月14日+15分32秒
11月15日+15分22秒 11月16日+15分11秒
11月17日+14分60秒 11月18日+14分47秒
11月19日+14分34秒 11月20日+14分20秒
11月21日+14分6秒 11月22日+13分50秒
11月23日+13分34秒 11月24日+13分17秒
11月25日+12分59秒 11月26日+12分40秒
11月27日+12分21秒 11月28日+12分1秒
11月29日+11分40秒 11月30日+11分18秒

12月01日+10分56秒 12月02日+10分33秒
12月03日+10分9秒 12月04日+9分45秒
12月05日+9分21秒 12月06日+8分55秒
12月07日+8分29秒 12月08日+8分3秒
12月09日+7分36秒 12月10日+7分9秒
12月11日+6分42秒 12月12日+6分14秒
12月13日+5分46秒 12月14日+5分17秒
12月15日+4分48秒 12月16日+4分19秒
12月17日+3分50秒 12月18日+3分21秒
12月19日+2分51秒 12月20日+2分22秒
12月21日+1分52秒 12月22日+1分22秒
12月23日+0分52秒 12月24日+0分23秒
12月25日+0分7秒 12月26日+0分37秒
12月27日–1分6秒 12月28日–1分36秒
12月29日–2分5秒 12月30日–2分34秒

12 月 31 日–3 分 3 秒

使用方法：

如某年 2 月 25 日，某地平均太阳时为 7 时 5 分，查表得 2 月 25 日时差为–12 分 54 秒，即用 7 时 5 分减去 12 分 54 秒，那么此刻的真太阳时即为 6 时 52 分 6 秒。

以下再举一例说明：阳历生日是 1977 年 1 月 9 日 19 点 20 分出生在武汉。这个 19 点 20 分就是“北京标准时间”,是为了全国统一计时方便而设,并非真正的时间。事实上时间会随着经度不同而有变化。所以同样的时刻,在北京是白天,在美国是晚上,就是这样的道理。

查表得知武汉的经度是东经 114 度 20 分,必须 减去 22 分 40 秒 。19 点 20 分减去 22 分 40 秒 等于 18 点 57 分 20 秒。

这个时间称之为平均太阳时。得到平均太阳时,再查表得知阳历 1 月 09 日必须减去 6 分 45 秒。所以 18 点 57 分 20 秒减去 6 分 45 秒等于 18 点 50 分 35 秒 。这就为“真太阳时”。

第六章　十神和六亲

第一节　十神和六亲的一般规定

六亲是对命主所有社会关系的统称。如配偶、工作（事业）、父母、领导、子女和同事等等。十神则是以四柱中的日干为准，根据四柱中其它天干和日干的作用关系而定出的具体六亲的称谓。六亲通过十神来表现，十神通过六亲反映具体的含义。正偏六亲可以和日干比出十个，所以叫十神。确定十神的原则是日干为我：生我（日干）者为印枭，即在五行属性上生日干的字为印枭；克我（日干）者为官杀，即在五行属性上克日干的字为官杀，其它关系依此类推。我（日干）克者为妻财，我（日干）生者为食伤，同我(日干) 者为比劫。

十神是四柱预测的主要技术规范之一。不懂得十神就找不准六亲，找不准六亲也就无法进行预测。

十神的意义如下：

印枭：和日干阴阳异性为正印，同性为偏印（也叫枭）。一般代表母亲、文凭、文化、名气等；

官杀：和日干阴阳异性者为正官，同性者为偏官（又叫七杀）。一般代表事业、工作、岗位、官职、政府、女命还为丈夫、情人等；

食伤：和日干阴阳异性者为伤官，同性者为食神。一般代表儿女等；

比劫：和日干阴阳异性者为劫财，同性者为比肩。一般代表兄弟姐妹等；

妻财：和日干阴阳异性者为正才，同性者为偏财。一般代表父亲、妻子等。

十神表

十神 日干 天干	甲	乙	丙	丁	戊	己	庚	辛	壬	癸
甲	比肩	劫财	枭印	正印	偏官	正官	偏财	正才	食神	伤官
乙	劫财	比肩	正印	偏印	正官	偏官	正才	偏财	伤官	食神
丙	食神	伤官	比肩	劫财	偏印	正印	偏官	正官	偏财	正才
丁	伤官	食神	劫财	比肩	正印	偏印	正官	偏官	正才	偏财
戊	偏财	正才	食神	伤官	比肩	劫财	偏印	正印	偏官	正官
己	正才	偏财	伤官	食神	劫财	比肩	正印	偏印	正官	偏官
庚	偏官	正官	偏财	正才	食神	伤官	比肩	劫财	偏印	正印
辛	正官	偏官	正才	偏财	伤官	食神	劫财	比肩	正印	偏印
壬	偏印	正印	偏官	正官	偏财	正才	食神	伤官	比肩	劫财
癸	正印	偏印	正官	偏官	正才	偏财	伤官	食神	劫财	比肩

易友们千万记住，尽管官杀代表官，但绝不是命局非得有官杀才能当官，也绝不是四柱中有财星才有妻子。局中无官杀照样做大官，局中没财星照样娶美妻；反过来，局中有官杀照样终生无官，局中有财星照样家徒四壁。这些理论将在后边详细说明。

从和日干的关系来说，十神就分两类，一是生扶日干使日干增力的印比类，二是克制日干使日干减力的财官伤类。了解了这一点，对后边学习定格局取用神很有帮助。

第二节　十神含义、应事特点和心性

第一节说的是某六亲用何十神代表的一般规定。但用这种规定来确定六亲的话，可以说没有一个四柱是全的。印枭为母，那局中无印呢，能没有母亲吗？偏财为父亲，局中无偏财就没有父亲吗？显然不是。那么这些问题怎么解决呢？用新派命理技术体系中的百神论来解决！它非常巧妙而科学地解决了这个问题。后边讲述的新派命理预测技术将会专门介绍这方面的内容。还有就是传统预测理论中关于十神应事的介绍也只能参考，不能死搬硬套，否则会出笑话的。

十神含义、十神应事特点和十神心性是传统命理著作中的重点节目，一般都写得比较多，而且复杂得令人晕头转向。这些内容是古人定的。今人著作中的此类内容大都是从古书上直接抄来的。有的稍作改动，换换说法；有的干脆直接引用。十神及相关内容是四柱预测的主要技术之一。对这些内容的解释和定位本来应该是最规范最标准的，但实际情况却正好相反。里边大都是作者凭想象写出来的东西，和预测实践根本不沾边。换句话说就是这其中存在太多人为的内容，拼凑的成分太多。所以学命者尽管在此方面下了很大功夫，但最后大都是越学越糊涂。因此有必要对此也做一番清理。

所谓十神含义就是这个十神代表什么内容，表示什么物象；所谓应事特点就是有了这个十神容易发生什么事；所谓心性就是因为这个十神的存在命主表现出来的性格特征。十神真的能象一般书上说得那样能反映人的性格特征吗？回答这个问题其实很简单，找个四柱试试准不准就行了。

如乾造：**癸巳　甲子　丁酉　甲辰**　湖南毛某

按传统的十神心性说法：甲木正印透出，只受生扶，不受克制，是典型的正印心性。传统命理中对正印的心性是这样规定的：

聪颖仁慈，淡薄名利，逆来顺受，但易流于庸碌。缺乏进取，反为迟顿消极。这些词用到毛老人家身上除了聪颖还贴点谱外其它好像一点都不沾边。至于所谓十神应事也大都如此。比如传统命理论伤官：

伤官临旺地，妻克夫，夫克妻，有财者克性小。易受伤，不利家人。易犯官司口舌，降职免官等。

我们看乾造：**丙申　戊戌　丁丑　辛亥**

此四柱伤官坐月令戌土，可谓是临旺地。但不仅没有克妻，还对妻子的事业帮助许多。妻子现为正县级干部，自己为副地市级干部。家里人都不错，不仅没官司口舌，还官运亨通。如果硬套只会出笑话。那么怎么运用这部分内容呢？

其实每个十神的应事特点都有相对固定的内容和不固定的内容两部分。固定的内容就是作为正常六亲时代表的应事特点；不固定内容就是代表自身以外六亲时即百神六亲所应的内容。正常应的内容在任何四柱都会这么应，如官为工作，正官为经常干的工作，偏官为新干的工作等等。四柱中有这类物象时你可以大胆断。另一类是某六亲作为百神六亲时也代表其它十神的物象。传统命理不了解这一点，就把它一锅煮了，所以越搞越糊涂。

十神的原始物象所代表的性格特征能得到发挥就是所谓十神心性。如正印，其原始物象除了代表母亲之外，还为文化、学术等和文有关的物象，如果在局中透出为用又不受制，可以大胆断为是个文人，行运再吉肯定有文凭。遇到此类组合的四柱可以断他（她）有文化学术等方面的事业及性格。国英在预测实践中总结的十神物象和心性等内容，和本书的其它部分一样，都是从技术角度写成的，而不是为了凑篇幅抄来的。所以可靠实用。

一、各个十神在天干透出后的的原始物象

1. 官的原始物象：为官职、官位、地位、女命的丈夫情人等。基本物象就是命主的官职以及与官相联系的内容。

2. 印的原始物象：除了母亲外，还代表命主的文化、学术、考试、学位、名誉等。基本物象是文以及与文相关的内容。

3. 伤食的原始物象：除了子女外，还代表命主聪明、有才华、漂亮，口才好，有艺术天份、技术才能等。基本物象是艺术、技术以及与此相关的内容。古人在十神方面对伤官说的最多，给人总的感觉就是是凡命中有此星不分男女都是凶多吉少。 实际并不是那么回事。女命伤食为百神丈夫时婚姻一般不顺，这样有条件的论女命伤食应事特点才对。男命极少因局中有伤官婚姻出问题的。至于因为局中有伤官就引起退职、免学和失权等说法的应验率几乎是零。

4. 比劫的原始物象：代表命主的兄弟姐妹，并不代表朋友、同事。命主的朋友同事在四柱中有专门的字代表。

5. 财的原始物象：除了代表父亲、男命代表妻子情人外，还代表财运以及与财相关的内容。

二、天干透出之有力十神的基本心性

正印：仁慈、善良、好学、善于书面表达等；

偏印：喜欢非正统的学术，日坐偏印之人大都喜爱玄学。

正官：为用时一般都脚踏实地，自我约束力强，如果地支也吉适宜做公务员。

偏官：脾气暴躁，胆大，坚韧，有魄力。

正才：最明显的心性是勤俭持家。

偏财：对商业信息感觉敏锐，喜欢干新事。

伤食：聪明伶俐，反映机敏，艺术天份大，大都傲气。

比肩、劫财：没有明显的心性特征。

古人还对十神出现在某柱会应何事做了详细的规定，如正印在年干，表示祖辈有文化等等。这样的断语用在预测中，断十个四柱恐怕有九个半不准。所以就没必要再因此而浪费精力了。

那么怎么断人的性格呢？只用十神绝对断不准命主的性格的，十神在反映人的性格方面只占很小的比例。五行也占一部分，比如水主智等等。断命主性格要以纳音为主，五行和十神为辅，结合起来就比较准确了。所以如果把十神作为断命主性格的主要技术甚至唯一技术来对待，那是永远也断不准的。

仍以毛老人家四柱为例说明断性格的思路：

乾造：**癸巳　甲子　丁酉　甲辰**

纳音：水命人生在水旺之月，一生曲折艰难，总是坎坎坷坷。这类人要强任性，做事时态度特别坚韧，认准了的事就一定奋斗到底，再难也阻挡不住。他们的人生往往是用血和泪写就的。所谓磨难之中显英雄，命主就是在艰难和奋斗中成就事业的。

五行：局中水旺又起好作用，水主智，是个聪明人。

十神：印为用不受制，是个文人。木印主文科，文科天生的好。癸水七杀生甲木起好作用，其印的才华能在官的方面发挥出来。

第三节　十神定位举例

如四柱：**癸未　壬戌　壬午　乙巳**

日干为壬水，用其它字和日干的生克关系来确定十神。月干壬和日干壬五行属性相同，同我（日干）者为比劫。壬和壬为阴阳同性，月干壬为比肩；年干癸水和日干壬水也为同属性五行。壬和癸为阴阳异性，年干癸为劫财；时干乙五行属性为木，是日干壬水所生的，所以为食伤。乙和日干壬为阴阳异性，所以时干乙为伤官。

再如：**甲子　丁卯　戊辰　庚申**

甲和戊日干为阴阳同性，甲为木，戊为土，木克土，克我（日干）者为官杀，甲就为偏官（七杀）；丁为火，火生土日干，生我（日干）者为印枭，丁和戊为阴阳异性，丁为正印；庚为金，为日干（我）所生，为伤食，庚和戊为阴阳同性，庚为食神。

第七章　干支分工论

——天干为事物标志 地支为事物本质

天干地支在实际预测中各自代表不同的事物，起着不同的作用。就主要点来说就是天干为事物的外在标志，地支为事物的本质。国英现在把多年的心血说出来：只有本质发生变化时吉凶之应才明显，地支力量的变化才是产生吉凶的根本原因和应事应期的根本标志。这是绝活的绝活。财官运和婚姻以及六亲的运气等人生主要大事的吉凶都以地支为主预测。天干吉地支也吉时命主或某六亲肯定应吉；天干凶地支凶时命主或某六亲肯定应凶；天干凶地支吉时照样会在事情的总体方面应吉。所以断吉凶和调风水都要以地支为主。

山东淄博市董某

乾造：**癸巳　己未　戊寅　丁巳**　身旺

命主从1959年9月起大运

戊午　丁巳　丙辰　乙卯　甲寅　癸丑

戊土日干生于未月旺，命局一片帮扶。日支寅木克制日干，虽然寅被巳泄但为一次受伤，克制日干的力量仍能成体系，为日干旺不从强。己土为命主经常干的工作。己土为忌神坐未土上，又被年干癸水耗能人命。未土增力时事业顺利、提职，未土受制时事业艰难乃至官灾。丙辰运甲子年，子克制辰，辰不刑未，命主提升为某企业中层领导。乙卯运癸酉年，酉金冲卯木，卯木不克制未土。当上企业承包人，实际是企业一把手。乙卯运戊寅年，寅卯一齐克制未土，因经济问题入狱。甲寅运己卯年，寅卯再次联手克制未土，命主被判刑5年。

再看命主妻子的四柱

坤造：丁酉　丁未　甲午　辛未　从弱

命主从1963年5月起大运：

戊申　己酉　庚戌　辛亥　壬子　癸丑

甲木日干生于未月弱，全局一片克泄耗，日干从弱。时干正官辛金为用为丈夫。未土受制时丈夫走运，未土增力时丈夫倒霉。庚戌运甲子年，子克制戌戌不扶未，丈夫提职。辛亥运癸酉年，亥克制未土力大，丈夫提职。辛亥运己卯年，卯木泄亥水，亥不克制未，丈夫被判刑。

丈夫纳音命克妻子纳音命，夫妻感情极好。

山西太原李某

坤造：**丁未　癸丑　丁酉　辛丑**　从弱

命主从1970年8月起大运：

甲寅　乙卯　丙辰　丁巳　戊午　己未

丁日干生于丑月弱，年支未土难以扶日干，日干从弱。

月干癸水为丈夫，丑为感情基础，丑弱夫妻感情好。丑旺时出感情风波。丙辰运，辛未年，未土冲丑土，丑弱结婚。丙辰运丁丑年，辰丑土都扶命局中丑土，丑土增力，夫妻感情破裂，分居。翌年办完离婚手续。

再看纳音命。丈夫丙午年出生，夫妻同命为争命，不是吵闹一生就是中途分手。

济南车某

乾造：**壬子　丙午　戊戌　乙卯**

命主从1972年10月起大运：

丁未　戊申　己酉　庚戌　辛亥　壬子

戊土日干生于午月旺，坐下戌土帮身，日干旺无疑，但时干支一体成体系克制日干，身旺用财官伤。时干乙木为官为用神，命主为能人。实际命主从 1996 年就任某公司领导干部。年干壬水为父亲，壬克丙起好作用为用神，壬坐下子为父亲的身体，子旺父亲身体好。子受制时父亲身体出毛病。己酉运，辛巳年，巳克制酉，酉不生子，子弱，父亲当年午月检查患上癌症，戌月去世。

第八章　大运和流年

第一节　什么是大运流年

平时人们总说命运如何如何，实际上命和运虽然有联系但却不是一回事。命是指人的四柱命局，而运指此四柱代表的人所经历的各个人生阶段，它包括大运和流年两个部分。按字面的意义说，大运是根据命局月柱自然形成的人生阶段，每个大运为十年。从另一个角度说，大运也是用四柱预测人生的技术手段。流年就是每个自然的农历年或叫阴历年,确切的说应该是两个立春之间这一段时间。

有种提法说大运是人生的大阶段，一个大阶段为十年，所以流年是人生的小阶段。这种简单地用加减的办法来界定流年内涵的说法是十分错误的，也是十分有害的。最根本的错误就是它把命局大运和流年彻底分开了。实际上它们是永远分不开的。人一来到这个世界上，便进入了动态的人生过程。流年与大运永远是一个有机的整体。起大运前以月柱为大运。这样人生的每个流年都会和大运作用，自然大运流年作用的结果都会和命局说话。正因为有了大运和流年的参与，才使人生变得多姿多彩，也从技术上提供了预测准人生各个阶段不同经历的可能。如果真要打比方的话，我认为那种把命局比作车，大运就是车要行的路，每个大运的路本来就不同，而流年的参与更使大运的“路况”经常发生变化，从而引起吉凶之应的说法比较贴切和准确。所以简单地说哪步大运吉哪步大运不吉的预测往往会出大笑话的。一般认为最吉的大运往往出了最凶的事，而在最不吉的大运上出了最吉的事是常有的。断吉凶必须把命局大运流年结合到一起才准确。命局组合特点加上大运流年和命局的作用结果导致了命主一生的一切。所以，命局和大运流年的作用关系是四柱预测中一项核心技术，占有特别重要的地位。

乾造：**癸巳　甲子　丁酉　甲辰**

命主从1900年4月起大运

癸亥　壬戌　辛酉　庚申　己未　戊午　丁巳　丙辰

命主从1900年4月到1910年4月行癸亥大运；从1910年4月到1920年4月为壬戌大运；从1920年4月到1930年4月为辛酉大运，其它大运依此类推。每个大运10年。由于起大运要精确到月上，一个大运一般都要跨11个年头。因为流年和大运作用是断吉凶的基本依据之一，所以各个流年的干支必须记准确，否则就没法预测。不熟悉时可先对着万年历或随时带着花甲子表预测。如本四柱：癸亥大运中经历了1900年（庚子），1901年（辛丑），1902年（壬寅），1903年（癸卯），1904年（甲辰），1905年（乙巳），1906年（丙午），1907年（丁未），1908年（戊申），1909年（己酉），1910年头3个月（庚戌）。这些流年的干支用的时间长了就像写熟了的汉字一样，抬手即来，一开始则需要下功夫记住。

第二节　起大运的规则和方法

男命生在阳年顺排，女命生在阳年逆排；女命生在阴年顺排，男命生在阴年逆排。顺和逆都以花甲子表的排序为准。

请看四柱：

癸未　壬戌　壬午　乙巳

癸未年为阴年，如此命是男命，则从月柱壬戌开始逆排，查花甲子表：从壬戌逆数为辛酉、庚申、己未 、戊午……；如此命为女命，则从月柱开始顺排，花甲子表上从壬戌顺数为癸亥、甲子、乙丑、丙寅……。从排大运也可看出，如果想学习四柱预测，必须熟记六十花甲子表，要记准他们的顺序，弄清各柱的阴阳属性。这是四柱预测必不可少的、最基础的东西。

起大运的时间计算：

起大运计算的天数无论顺排还是逆排，都是从出生日时起到本月开始的节或本月结束的节为止。如上例：

癸未　壬戌　壬午　乙巳

如是男命，则逆排，出生在壬戌月的壬午日，即阳历 11 月 5 日，壬戌月的起止时间是从寒露节到立冬节。每三天为一年，每一天为 4 个月，每一个时辰为十天。那么逆数到壬戌月开始的节——寒露，即阳历 10 月 9 日的丑时，一共 27 天零四个多时辰，这样命主就是九岁一个月起大运，于每一交运年的十一月交运，也就是从 2012 年的阴历十一月开始起第一个大运辛酉，2022 年十一月进入第二步大运庚申，2032 年十一月进入第三步大运己未等，其它大运可依此类推。

如是女命，则顺排，从出生日的 11 月 5 日向前数到壬戌月结束的节立冬，为 11 个月零 4 天起大运，于每一交运年的阴历九月交大运。那么第一步大运癸亥是从 2004 年九月开始，第二步大运甲子是从 2014 年九月开始，第三步大运乙丑是从 2024 年九月开始。其他大运依此类推。

第九章　作用关系论

——五行作用关系释义

第一节　生

生，是指主生者作用被生者的形式。作用结果是被生者增力，主生者减力。如木生火，木为主生者，火为被生者。木生火的结果是火增力，木减力。甲乙作用丙丁，为甲乙生丙丁，丙丁增力，甲乙减力。但要注意一个问题，就是必须是甲乙作用丙丁，而不是丙丁作用甲乙。翻了个，作用主体和被作用主体就变了。具体什么情况是甲乙生丙丁，什么情况下是丙丁作用甲乙，要视作用环境而定。如：**甲子　丙寅　戊辰　辛酉**，本四柱甲和丙是甲木生丙火，丙火增力；同时丙也泄甲，甲减力；丙和日干戊是丙火生戊土，戊土增力；戊对丙的作用形式是戊土泄丙火，丙火减力；戊土日干生时干辛金，同时辛金也泄日干戊土。作用结果是戊土减力，辛金增力。地支中是子水生寅木，寅木增力；寅木泄子水，子水减力；辰土生酉金，酉金增力。酉金泄或合绊辰土，辰土减力。

天干之生：甲乙木生丙丁火；丙丁火生戊己土；戊己土生庚辛金；庚辛金生壬癸水，壬癸水生甲乙木。

地支之生：寅卯木生巳午火；巳午火生辰戌丑未土；辰丑土生申酉金；申酉金生亥子水；亥子水生寅卯木。未戌土脆金而不生金，本质就是只能使金减力，不能使金增力。

甲子　丙寅　己巳　丁卯

本四柱中年干甲生月干丙，月干丙生日干己，时干丁生日干己；年支子生月支寅，月支寅生日支巳，时支卯生日支巳；年支子生年干甲，月支寅生月干丙，日支巳生日干己，时支卯生月干丁。

第二节　克

克，就是一方通过强制方式使对方减力的作用形式。如金作用木，就是金克木。金为主克者，木为被克者。作用结果是木减力，金不增力。

甲子　戊辰　辛巳　丁酉　本四柱年干甲木克月干戊土，戊土减力，甲木不增力；时干丁克日干辛金，辛金减力，丁火不增力；日支巳火克时支酉金，酉金减力，巳火不增力。

天干之克：甲乙木克戊己土；戊己土克壬癸水；壬癸水克丙丁火；丙丁火克庚辛金；庚辛金克甲乙木。

地支之克：寅卯木克辰戌丑未土；辰戌丑未土克亥子水；亥子水克巳午火；巳午火克申酉金，未戌土脆（脆就是大力度的克）申酉金；申酉金克寅卯木。

甲寅　戊辰　壬申　丙午　此四柱年干甲克月干戊，月干戊克日干壬，日干壬克时干丙；年支寅克月支辰，时支午克日支申。

第三节　泄

泄，被生者作用主生者的形式叫泄。作用结果是被泄者减力，主泄者增力。主泄者其实就是被生者，被泄者实际上就是主生者。只不过是主泄者主动作用被泄者而已。如木作用水，水为被泄者，木为主泄者。就是木泄水，水减力，木增力。木对于水的作用形式就是泄，水对于木来说为生。

天干之泄：甲乙木泄壬癸水；壬癸水泄庚辛金；庚辛金泄戊己土；戊己

土泄丙丁火；丙丁火泄甲乙木。

地支之泄：寅卯木泄亥子水；亥子水泄申酉金；申酉金泄辰丑土；辰戌丑未土泄巳午火；巳午火泄寅卯木。

庚寅　戊子　庚寅　壬午　本四柱年干庚日干庚泄月干戊；时干壬泄日干庚；年支寅日支寅泄月支子；时支午泄日支寅。

第四节　耗

耗，就是被克者对主克者的作用形式。如金作用火就为耗。在原命局中，天干之耗可以使被耗者减力，地支之耗不能使被耗者减力。大运流年有耗的作用关系时，按大运流年的作用规则处理。

甲申　庚午　丙子　壬辰　此四柱年干甲木耗月干庚金，论庚金减力；年支申金和月支午为耗的关系，申耗午，午不减力。午火月令一次受伤，仍然能够决定日干旺衰的百分之五十，日干旺。由此可见，掌握耗的作用结果对分析日干旺衰极其重要。

天干之耗：甲乙木耗庚辛金（乙庚合，在乙主动合庚时实际上也是耗庚，其作用结果是使庚减力。其它丁合绊壬，己合绊甲，辛合绊丙，癸合绊戊都以此论）；庚辛金耗丙丁火；丙丁火耗壬癸水；壬癸水耗戊己土；戊己土耗甲乙木。

地支之耗：寅卯木耗申酉金；申酉金耗巳午火和未戌土；巳午火耗亥子水；亥子水耗辰戌丑未土；辰戌丑未土耗寅卯木。其中的寅申、巳亥、午子、卯酉又是冲的关系，本质就是使被作用者减力。申巳、卯戌和子丑又为合绊的关系，合绊的作用特点在第九节有专门解释。

甲子　己巳　乙卯　庚辰　本四柱中乙木克己土，己土耗乙木双方都减力。子克巳巳减力，子不减力。卯克辰，辰减力，卯不减力。其他依此类推。

第五节 刑

刑，只有地支中的丑戌互刑，辰未互刑，也就是干湿土的作用关系。古人其他的所谓子卯刑、寅巳申三刑以及自刑等等通过实践验证在四柱预测中都不存在，遇到时按正常的作用关系分析即可。如子见卯论子生卯、卯泄子就可以了。刑的结果是命局中相刑的双方都减力。大运流年出现刑时根据大运流年的关系规则判定作用结果。还要说明的是，古人之所以叫刑，是认为有了刑的作用关系就会出官灾。官灾才为刑。预测实践已经证明这种说法看法都错误。刑是一种普通的作用关系，应官灾的概率比别的作用关系一点也不多。刑的本质就是干湿土的作用关系！丑戌和辰未是一种特殊作用关系，不好也没法把它们归到别的作用形式中去。如生克合等都是不同五行之间的作用关系。冲虽能说土能冲土但又是同性作用。其他的作用形式都有自己的特点，难以把“刑”归到一起，所以我们就借古人创造的“刑”这个词作为辰未和丑戌作用关系的称谓。但在应事时刑和官灾并没有必然关系。

甲子　戊辰　辛未　己丑　命局中辰未刑，辰未都一次受伤。时支丑又冲未，未两次受伤无力克制日干，即克制日干的力量不成体系。日干从强。

甲辰　辛未　丁丑　庚戌

本四柱年支辰和月支未相刑，日支丑和时支戌相刑，身旺。国英有一条分析日干旺衰的规则：月令日支都两次受伤以日支两次受伤论，月令不为两次受伤。所以此四柱只论日支丑两次受伤，不论月令未两次受伤，日干旺。

第六节 冲

冲，只存在于地支中，天干没有冲的作用形式。地支六冲是：子午冲，丑未冲，寅申冲，卯酉冲，辰戌冲，巳亥冲。

冲的特点有三个：一是对冲，即子可以冲午，午也可冲子；二是相冲的双方必须是同性，异性绝不论冲。即阳冲阳，阴冲阴。三是除了四土外，对冲的双方都还是克的关系。如子午冲，还是子水克午火的关系，当然也是午耗子的关系。相冲的结果在命局中是双方都减力。大运流年有冲的关系时根据年运作用规则判定谁减力。

己亥　乙亥　乙巳　丁亥

本四柱日支巳被月支亥和时支亥冲为两次受伤，巳丁克制日干但不成体系，日干从强。

冲在应事应期上也没有什么特殊的地方。因为是同性作用，所以力量大一些，应吉凶明显而已。

第七节　晦

晦，就是辰丑土对天干火的作用形式。辰丑土为含有水的湿土。在作用丙丁火时，丙丁火减力，辰丑土不增力。辰丑土对巳午火的作用形式论泄，也就是巳午火生辰丑土，辰丑土增力，巳午火减力。晦只存在于命局中。

甲子　庚午　戊辰　丙辰

本四柱中时支辰对时干丙的作用形式论晦，只论丙减力，不论辰得丙生。月支午和日支辰的作用关系论辰泄午，午生辰，作用结果是午减力，辰增力。

戊申　乙卯　丁巳　甲辰

丁日干生于卯月旺，日干一片帮扶，克制日干的力量不成体系，日干从强。

第八节　脆

未戌土对金的作用形式论脆，脆本质上就是大力度的克。未戌土为含有火的干土，在任何情况下都不能生金。在命局中脆的结果就是金减力。大运流年未戌遇金时，在一定条件下也论未戌减力。未戌脆天干金只论同柱相脆，他柱不脆。脆地支金按隔不作用的规则处理。

庚戌　庚辰　庚申　丙戌

年支戌可以脆年干庚，不能脆月干庚。时支戌可脆日支申，不能脆日干庚。

第九节　合

合，分为天干五合和地支六合。合都为异性，同性不论合。它们都论合绊，不论合化。天干五合：甲己合，乙庚合，丙辛合，丁壬合，戊癸合。合的结果是被合者减力；地支六合论生合和克合两种形式。寅亥合，辰酉合，午未合为生合，都是被生者增力，主生者减力。子丑、卯戌和巳申合为绊合，双方都减力。

第十节　害

害只存在于地支中，又名穿。害是因合而来。害是破合的故称为害。地支中子丑发生作用时为合，因未冲丑而破合故子未相害。其它相害依次为：丑午相害，寅巳相害，卯辰相害，申亥相害，酉戌相害。相害的作用关系在断婚姻等方面吉凶明显。

第十一节　克制

习惯上，把使对方减力的作用形式统统称为克制，即克泄耗某字也统称为克制某字。如庚辛丙丁戊己作用甲时都可以叫做克制甲。

第十二节　化

化，是指一种五行在外力的作用下变成了另一种五行。如丁壬合化木，子丑合化土等说法。化实际上是不存在的。合不能使一种五行的性质发生变化，其它作用形式也不能使一种五行变成另一种五行。

第十三节　帮、扶和帮扶

帮、扶和帮扶都是一个意思，都是指五行同类之间即比劫之间的作用关系。比劫之间为互帮，作用的结果为互相增力。

第十四节　三合局　半合局　三会局

过去所用的申子辰、亥卯未、巳酉丑、寅午戌三合局以及半合局、三会局等作用形式在四柱预测中全部不存在。遇到这些组合时按正常的生克关系论即可。

甲申　丙子　甲辰　戊辰　此四柱虽申子辰全也不论三合局，只论年支申生子，子增力身旺即可。年运和命局作用时也如此处理。

甲申　丙子　壬寅　辛丑　命局的申和子相邻论申生子。年运再见辰时既不论三合局成局，也不论三合绊。只按大运流年和命局的作用规则处理就可以了。

第十章　用神、忌神、中神、年干喜忌的特殊定法

我们常说，分析日干旺衰，确定格局，区分用忌神是四柱预测的第一步。那么这个用神忌神是什么意思呢？简单地说用神就是命局中使日干旺衰趋于吉的字。忌神的意思翻过来理解就可以了。用神和忌神都可能是一个字，也可能是几个字。根据“使日干旺衰趋于吉”的标准，我们可以得出结论：日干旺需要克制的组合，日干减力为吉。那么克制日干的字就为用神，也就是身旺的四柱用神是财官伤，忌神自然是使日干增力的字——印比；日干弱需要生扶的组合，命局中生扶日干的字都是用神，即身弱的四柱用神是印比，忌神是财官伤；日干旺，旺得不能克制，要顺势使日干越旺越吉的四柱，即从强格的组合用神是印比，忌神是财官伤；日干弱，弱得扶不起要顺势使日干越弱越吉的四柱，即从弱格的四柱用神是财官伤，忌神是印比。

用神对命主来说是好字，旺了吉，那么大运流年使其增力时此字所代表的事物就会应吉，反之应凶。这是用神忌神应事的一般规律。但要注意的是，随着新派命理预测技术的发展和完善，使我们对用忌神应事的规律认识得更加深入了：用忌神的理论和应事特点绝不是象以上说得那么简单。同时四柱中也不是所有的字都分成用神忌神：年支月支和时支是中神。顾名思义，中神就是无法定性之神。在预测不同的内容时，有时旺了好，有时却弱了吉。这几个字只按起作用好坏处理就可以了。这一点只有掌握了百神论、反断论和体系论等新派预测技术后才能真正理解和运用。

如乾造四柱：**甲戌　乙亥　戊申　丁巳**

此四柱戊土日干生于亥月弱百分之五十，月干又来克身，日干肯定弱了。但到底是从弱还是身弱则取决于生扶日干的五行是否有成体系的力量。时支扶时干生日干为成体系，日干不从弱。身弱用印比。这样此四柱的用神是时干丁；忌神是年干甲，月干乙和日支申。

本四柱的六亲定位如下：月干正官乙木是命主的第一事业，即经常干的事。乙木是忌神，则坐下地支亥水因为生乙木所以亥水越弱本人的第一事业成绩才越大；年干偏官是第二事业，也是忌神。同样，坐下戌土旺了第二事业才能成功；时干正印是命主的母亲，是个用神。在测母亲的运气时则巳火越旺母亲的身体越好，巳火受制时母亲不走运。除此而外的其它六亲就只能用百神论规则确定了：月干是命主妻子的百神六亲，根据百神论规则，所有的百神六亲坐下地支全部反断。亥水因为是妻子的身体，也是夫妻的感情基础则亥水越旺妻子的身体越好，夫妻的感情基础才牢。这样，命主的事业是亥水弱了吉，而命主的婚姻和妻子身体则是亥水旺了吉。那么亥水到底是忌神还是用神呢？你无法按传统的用忌神理论给它下一个绝对的定义。这就是中神的含义。再看时干丁是正常六亲的母亲，也是百神六亲的父亲。坐下的地支巳火旺了母亲应吉。因为丁为父亲是根据百神论的规则确定的六亲，所以坐下的地支必须反断，即巳火弱了父亲应吉。这样你也无法给巳火下一个到底是忌神还是用神的定义。再看年支戌土，戌土克亥水，对命主的第一事业起好作用。从这个角度看戌土应该是用神。但亥水旺了妻子走运婚姻吉。戌土克亥水又对妻子和婚姻六亲起了坏作用。所以，我们也无法确定戌土的喜忌性质。任何四柱的年支、月支和时支都是这样分析，都是中神。

某字为喜为忌是根据此字对日干旺衰起作用好坏来定的，所以年干的喜忌性质必须按它对月干所起作用好坏定，而不是按格局定。因为年干和日干相隔不作用，年干对日干到底起了什么作用只有通过月干这个中介才能表现出来。对月干起好作用时就为用神，起坏作用就为忌神。

癸巳　甲子　丁酉　甲辰

身弱用印比。年干七杀癸水按格局论应为忌神。但它因为和日干相隔不能发生作用，只能和月干甲木作用。甲木被癸水生增力再生日干，这样癸水实际上间接地对日干起了好作用。因此它就是用神。所以，月干为用，年干生扶月干就为用神；月干为忌神，年干克制月干就为用神。反之就为忌神。

丙寅　戊戌　丁巳　壬寅

丁日干生于戌月不旺不弱，命局中火气极旺，但戊土坐戌土上泄日干有力，身旺用财官伤。年干丙火生月干用神戊土起好作用为用神。

丙寅　己亥　庚子　己卯

庚生亥月弱，年月干相生扶日干，时干也生日干，即天干一片印比成体系生扶日干，日干不从弱，身弱用印比。

本四柱用神：月干己，年干丙生月干己土为用神。

忌神：日支子，根据反断规则本四柱时干己反断为忌神。

中神：月支亥，时支卯，年支寅。

乾造：**癸丑　庚申　癸卯　乙卯**

癸日干生于申月旺，月干庚金生日干癸，日干旺无疑。但时干支一气成体系克制日干，日干不能从强，身旺用财官伤。

本四柱用神：时干乙木，日支卯，年干癸泄月干庚起好作用为用神；

忌神：月干庚金；

中神：年支丑、月支申金和 时支卯木。

此四柱月干庚金为母亲为忌神，申金弱了母亲身体好；但申金又是第一事业，申金旺了事业成就大；年支丑生申金，是命主在事业上的贵人，所以从事业角度看丑土旺了吉。但从母亲角度看，丑土是母亲的小人，所以弱了吉；时干卯木为儿子为用神，卯木越旺儿子素质越高，所以卯木旺了儿子吉；时支卯木也为父亲的身体，卯木弱了父亲身体吉，所以从父亲角度看又是卯木弱了吉。

这就是中神的特点，预测不同六亲时有不同的旺弱标准。中神概念才是人生现实的客观反映。人生不可能十全十美，也不可能什么好事或坏事都落到一个人身上。那种以某五行为用神，某年某五行到位就一好百好的说法肯定是错误的。现实生活中这样的事情太多了：某年命主发了财，但此年父亲或母亲却去世了；某年命主升了官，但此年却出了严重的车祸；至于自己在某年工作顺利，儿子没考上重点中学，妻子身体出毛病之类情况更是比比皆是。现实生活是多姿多彩的，预测理论和技术如果是一个颜色，那自然就违背生活常理。用这样的理论和技术来预测指导人生岂不是闹笑话。

下　编

新派命理预测技术的具体应用

第一章 新派命理预测技术与传统命理有何不同

在正式展开前，请先看一个国英2003年冬在网上预测四柱的实录：

乾造：乙卯　丙戌　己丑　辛未

命主于公历1976年3月起大运：

乙酉　甲申　癸未　壬午　辛巳　庚辰　己卯

国英测：从强格。能人命。上学就当官。1997到2000事业顺利，2001年到现在一般，累够呛出不了成绩。2004年和2005年事业大吉。

答：能人命。上学就当官。（极准）1997到2000事业顺利（准，2000年不是很好。），2001年到现在一般，累够呛出不了成绩（极准，劳而无功，项目经理做了好几年升不上）。明年和后年事业大吉（有没有升迁的机会？贪心了）。

国英测：2004年提职了！打保票！

答：呵呵，谢谢祝老师。

以祝老师的新派命理来看的确要比传统一派要准确得多啊，（或者说不是一个数量级。）

某网站的张先生断我以辛金为用，但逢金之流年与大运，本人要么有破身之灾，要么考学失利。新旧两派为什么在推断我的四柱的时候差距这么大呢？

国英测：因为除了都用天干地支这一点相同外，其他相同的东西太少了。

答：但传统一派自古有之，传承千年不绝，总有可取之处。唯新派一出，似有石破天惊之感。我的命造请某大师断过，然也不准。可笑此大师自称四柱算命无人出其右者。今请祝大师一断，祝大师的水平，不服不行。

国英测：不客气！顺便说一声，我刚才说我用的技术和传统的不一样，并不是全面否定传统的东西。传统的东西里边那些有用的内容到什么时候人们也会用的，想否定也否定不了。

此四柱己土日干生在戌月旺，时干辛金泄身但不成体系，日干从强。月干丙火为工作，是个用神又得年干生，自然是能人命。坐下戌土为事业的大小，戌土弱了事业大。癸未运中辛巳年、壬午年和癸未年都是使戌土增力的流年，在工作上自然是费力难讨好，出不了大成绩。癸未运甲申年，申金制戌土，甲木生丙火，事业大吉。命主是公职人员并且原来就有官职，在事业的大吉之年当然要升官了。

2003年网上预测四柱

乾造：戊午　乙丑　辛丑　乙未

命主于公历1979年6月起大运：

大运：**丙寅　丁卯　戊辰　己巳　庚午　辛未**

弟子齐卫和预测：从强，有能力可为官，喜欢理科，父母关系好，父亲身体不太好。

答：我晕！太准了！厉害!

本人理科毕业（本科），现在在大学当老师，去年当了班主任。父母关系特好，就是父亲身体不行，有糖尿病!

大师继续……

齐卫和是山西清徐人，已从事专职预测多年，是个多面手。拜师后进步神速。

辛日干生于丑月旺，月时两个乙木都耗日干但不成体系，日干从强。年干戊土为理科，戊制乙起好作用天生喜理科，头两步运又生扶戊土，学理科。年干戊土为母亲，月干为父亲，戊制乙忌神父母关系好。乙木坐下丑土为父亲身体，丑旺父亲身体好，丑受制父亲身体出问题。寅卯运都制丑土，父亲身体肯定不好。

现在再看看新派命理预测技术和传统预测理论的不同。四柱预测实际上是预测技术的推演，它的思维过程必须靠逻辑，而不是感觉。传统的东西恰恰在这个根本问题上缺陷太大，没有规范的预测技术体系。全靠四柱预测者自己的感觉去解释作用关系和结果。为了说明这个意思，我们看看李顺祥先生对一个四柱的批注。李顺祥先生出道早，在传统预测领域是个名人。我没亲自接触过李先生，但看过他的书，并且有一段时间还迷信过他。

下面的文字摘自李顺祥先生的著作《四柱命理学自修教程——普及版》124 页（记得李先生的杂志《预测研究》上也发过此文）：

乾造：己酉　壬申　己未　丁卯

大运：己巳；流年：丁丑；小运：己亥（生日前）；小限：　壬寅；

这是我在咸宁邵伟华易学研究服务中心工作时一位同事于 1997 年秋拿来考我的命造。他问："李老师，你看这个四柱的命主今年运气怎样？"

他当时把小运误推为壬子，也没考虑小限。我仔细对命局推敲后，断定命主今年生日前已死。我知道他有意来考我，心里不免有些生气（有的同行对自己搞不懂的东西，不是虚心请教人家，而是喜欢拿去考人家。你断对百次，断错一次，他就以一错否定百对。他问什么东西就像老师考学生一样，一点也不谦虚，不诚恳）于是我对他说："这个人今年生日前就已经死了，你来问什么？一定是别人叫你来考我的。"

他有些惊奇又有点不好意思的说："哎呀，这个人确实生日前就已经死了！不是我有意来考你，这个四柱我和别人认真研究过，但实在找不出死的命理原因。所以只有来问你。想不到你敢断这个人已死。"

下面我们来具体分析：

很明显，原局身弱，以印为用。丁丑年，岁运与原局的干支组合有巳酉丑合，亥卯未合，巳申合，寅亥合，寅卯半会，申酉半会。在这些组合中，到底哪些成立，哪些不成立，哪些能化，哪些不能化，最后结局是什么占主导地位呢？

1. 原局金当令，申酉半会成立。金强旺则木遭克，故原局卯未半合被破，丁壬合有己土阻隔，合力不大。原局金的力量占主导地位，申酉半会金局成化，身弱食伤强，金为病，以火为用神；

2. 丁丑年大运己巳，巳火为印星，本为用神，但巳与酉丑合金局，其情向金，反而加强食伤之力，巳火实际上便丧失了原来的立场，而助纣为虐。金本强旺，今得巳丑介入而进一步加强，所以巳酉丑三合金局成化；

3. 亥卯未合木局，被强金克制本难以成化，但在两组丁壬合木相助，又有小限寅木相帮，故三合木局虽不能完全成化，却可以自成体系与金相战；

4. 巳申合金局金旺，巳因与酉丑合化，则向申之情大减。加之壬被丁合，亥被卯未合，化神无力所以巳申合水不化。虽说金可生水，但水的力量太弱，反成金多水浊，巳申皆向金，巳申之合有名无实；

5. 正是这年水不能通金木相战之关，所以日主受克特别严重。金克木而耗费力量大，便求从土那里寻求补充。日主之气被泄，木的本性是克土的，只要不被金彻底克住，就有克土之力。所以亥卯未木局一方面与金相战，一方面也克伐日主。丁火印透出本可化木生土，但丁却被壬合，反助木局之力。因此，日主便处于克泄交加而毫无生扶的绝境之地，只有死路一条；

6. 此造该年申酉半会仍然存在并加强三合局的力量，如果金的力量特别强，而木的力量特别弱，则只有申酉半会成立，甚至连亥卯未也会被冲克而破合，但在这个命局中不至于如此。因此，我们在分析命局时，必须要抓住问题的主要矛盾，分清主次。

李顺祥先生的分析洋洋洒洒千余言，连合带会的令人看得眼花缭乱，但命主到底在命理上怎么死的，恐怕只有李先生自己知道。神仙看了这些分析也不会明白。用新派命理预测技术分析此四柱的话，很简单，日干弱，日支未为命主身体生命，为用神，未受制时身体出凶。己巳运，丁丑年，丑泄巳，巳不生未，命主应凶，如此而已。但说实话，这是李先生公布了命主已经死亡。如果拿过四柱叫我断，我只能断出此年身体不好，绝断不出命主此年死亡的。由此可以看出，新派命理预测技术和传统命理最根本的区别就是：传统命理是依靠感觉论吉凶，新派命理预测技术则是根据规范测命运。

第二章
新派命理预测技术的主要内容

新派命理预测技术体系中包括百神论、反断论、空亡论、体系论、干支分工论、作用关系论、命局原象论、纳音辅断论等一系列技术规范。应该说明的是，虽然叫论，但它绝不是飘在天空的理论，而是实实在在的操作技术。百神论是新派命理预测技术的基本标志和核心内容。从根本上说，百神论是一套全新的预测技术体系；从微观上讲，它是解决命局中不现六亲的技术和方法。因此，百神论属于预测技术的范畴。

第一节　百神论

搞四柱预测的人都知道，没有一个四柱命局的六亲是全的。也就是说任何一个四柱如果按古人给我们规定的六亲标志来定位的话，都有六亲不全的情况。四柱里没有这些六亲是不是就说明命主没有这些六亲呢？这样理解肯定是错误的。比如古人规定男命偏财为父亲（当然古人也有反对男命偏财为父亲的，如任铁樵），预测实践也证明这种规定是正确的。但是如果某男命命局中没有偏财怎么办呢，能说此人没父亲吗？恐怕没有人同意这种说法，因为任何人都不可能没有生身之父。而命局中没有偏财的男命是很多的，那么这些人的父亲怎么算呢？比如这样一个四柱：

乾造：**癸亥　癸亥　癸亥　癸亥**

有人说这是张飞的四柱，此说恐不准确。此四柱既无偏财也无正印，更无官星，而是一片比劫。无官星事业怎么看？无印星母亲怎么测？无财星父亲怎么测？妻子怎么测？无伤食儿女怎么测？等等等等。如果用地支藏干的办法，那亥水中按古人规定除了壬水就是甲木，壬水可做姐妹，甲木可做女儿。其他的六亲呢？有人曾提出过命局不现的六亲可以从大运上看，国英百分之二百地肯定这种说法是错误的。最简单的事实是，局中无此六亲，又不行此六亲的运，照样有此六亲方面的吉凶之应。如局中无印枭，又不行印运，母亲照样走运或有凶灾，她不会等着你行运出现印枭时再发生。再说父母亲是不变六亲，无论命局有没有，运上见不见，只要命主来到这个世界上，肯定要先有父母。因此国英认为四柱预测所有的六亲定位都在命局中，大运流年只对命局起扶或抑的作用。从六亲的角度说因为大运流年的扶或抑使他们的吉凶也动态化，即扶或抑导致了六亲运气的变化。不管上面这个四柱代表的人是不是张飞，这种组合的男命四柱肯定存在（女命当然也存在）。这个四柱的男命肯定既有父亲也有母亲，并且是个小官命；也会娶妻生子，和常人一样生活。那么此人的官运、婚姻、父母和子女等怎么测呢？这就是百神论要解决的问题。因为所有的六亲都在命局中。那么怎么在命局中确定不现的六亲呢？不现六亲分别用什么字来代表呢？这是百神论要解决的第一个问题。当然这是最表面的问题。给六亲定位后如何预测才是最核心的内容。百神论在此方面有一套全面而完整的吉凶对应规则。这两个方面合起来就是百神论所要解决的问题。这是一个技术体系，更是一种科学思想，也是一种高屋建瓴的观察问题和解决问题的方法。

百神论最主要的技术规范是：所有六亲全部用年月时干三个字来代表，地支只是六亲的内环境，而不是六亲本身，此所谓地支无六亲；年月时三干不现的正常六亲全部用月时两干来代表；“本柱”在六亲预测中具有特别重要的地位。某天干是某六亲，则与某六亲在一柱的地支为与此六亲相联系的内环境事物。如月干为职务为单位，则月支为权力大小，管人多少；同时月支还为单位规模状况等等；月干为配偶，则月支为夫妻的感情基础，还为配偶的身体等；根据百神论原则确定六亲时，其基本规则是偏正第一。即凡是天干不现的正字六亲，只要月时干有正字时全部用此正字来代表。正字六亲包括第一事业，配偶等。天干不现的偏字六亲，全部用月时干的偏字来代表，包括第二事业、外遇等。经常干的事叫第一事业，公职人员兼职以及其他人员新干的事叫第二事业。包括新上项目，新开门头等都是第二事业。但无固定职业，又经常变换工作单位或工作性质的人如民工不在此列。新干的事过了当年的立春后就自动转为第一事业；纯阴纯阳的四柱或月时干为阴阳同性时，以月干为第一事业等正字六亲，时干为第二事业等偏字六亲；以百神论原则确定的六亲其坐下地支全部反断。即此六亲为用神时，其坐下地支越克制此六亲越吉；为忌神时，其坐下地支越生扶此六亲越吉，反之为凶；六亲的身体状况、寿限等全部看其坐下地支。正常的六亲正断，百神六亲反断。命主本人的身体寿限看日支，为用逢生吉，为忌受制吉。反之为凶。六亲有无能力看其左边的字和六亲坐下,能力大小看其坐下地支；在一般四柱中，月时干分别为第一事业和第二事业，事业左边的字为其条件。条件字有益于事业字时，说明事业条件好，事业轻松顺遂；反之事业条件差，辛苦。事业条件坐下的字为命主本人的同行、朋友、同伴、竞争对手、市场等。事业右边字的坐下地支为命主事业的内部环境，包括内部管理、决策能力和人员素质等；干支分别代表的事物：第一事业柱天干为工作单位，本柱地支为其规模大小，效益好坏；天干为官职岗位，本柱地支为权力大小，管人多少；天干为产品的价格高低，本柱地支为交易数量的多少；这可根据求测人事业性质来确定属于哪方面。代表第一事业的天干为还为第一事业外在的具体条件，如单位的建筑物新旧程度，办公条件情况等；第一事业左边的字为事业的抽象条件，如第一事业为单位时，此条件代表单位的名气名望和开展某方面业务的能力等；代表土地时则为土地的质量、水源情况等；代表产品时则为产品的质量技术含量是否名牌等；婚姻柱天干为配偶，本柱地支为感情基础。配偶字左边的字为配偶的抽象条件，如名望等。抽象条件下面的地支为命主的情敌或在婚姻感情方面帮日干的朋友等等。

如某坤造四柱：**甲戌　戊辰　乙卯　丁丑**

此四柱乙日干生于辰月弱百分之五十，月时干一起消耗日干，日干弱无疑。日支卯木扶日干成体系，是身弱用生扶的组合。用神：年干甲，日支卯，根据反断规则时干丁火反断为用神；忌神：月干戊；年支戌，月支辰为中神。时支丑土空亡等于没有。此四柱中，月干戊土为正财为命主的父亲，时干丁为食神为命主的女儿，年干甲为劫财为命主的哥哥弟弟。这是所谓的正常六亲；那么其他六亲怎么定呢？这就要用百神论规则确定了。

首先，也是最重要的就是命主的第一事业。本来命主的第一事业要用正官代表的，但局中没有正官。根据百神论中关于天干不现的正字六亲只要月时干有正字时必须用此正字来代表的规则，则第一事业即工作的六亲要用月干戊土来代表；月支辰土则为第一事业成绩的大小。根据百神六亲坐下地支反断的规则，戊土作为第一事业时，其坐下辰土要反断，即戊土为忌神则辰土越帮扶戊土越吉。也就是辰土越旺事业越大，辰土受制则事业变小；戊土月干也为自己所在的工作单位，坐下辰土则为单位的规模大小。同样因为戊土为单位也是作为第一事业来看的，坐下地支仍然要反断。即辰土越旺单位越大，辰土受制单位变小；如果此人为公职，则戊土即为命主的官运。戊土为官职，辰土为权力大小，管人多少；辰土越旺则权力越大，管人越多；如果命主为私营老板，则月干戊土为本人的公司也为公司经营的产品，坐下辰土则为公司的规模也为经营产品的数量；如果命主是个以种地为主业的农民，则月干戊土为其种植的土地和植物，坐下辰土为土地的数量，也为植物的收成数量等等。月干戊土还为命主单位外在的具体条件，戊为忌受制单位的办公条件不错的；年干为命主第一事业的条件。年干甲克制戊土起好作用，则总的说命主事业条件顺遂。但这种顺遂是随着大运流年对命局作用变化而变化的。就是如果大运流年使本四柱的甲木增力时则事业条件会进一步变好，大运流年使甲木减力时事业条件也会变坏。所以，事业条件和其它命运因素一样，也不是一成不变的。事业条件变好应什么事呢？这要结合具体的四柱和命主的不同年龄段，根据生活常理推测。一般说来，20 岁前的事业条件变化，一般可断为命主所在学校的情况。事业条件对第一事业起了好作用且大运流年增力时，则所在学校应是一个重点或名牌学校。这类断法预测中考高考或研究生考试时用的多。此时考的成绩理想又事业条件吉时，可直接断拟去就读的学校是一个重点高中或名牌大学；第一事业条件坐下的地支如本四柱的年支戌土的用法是：本四柱命主的第一事业是戊土，坐下地支辰土越旺事业越大。四柱中年支戌土是命主的同行同事等，每时每刻都在冲辰土，冲得结果当然是辰土减力，这类组合就是一生小人多的标志。如果年支为午火，每时每刻都生辰土，则可直断为一生贵人相随。当然，和事业条件一样，四柱命局的这种组合均势也会被大运流年打破的，那么被打破的大运流年就是命主贵人变敌人或小人成朋友了。此四柱在测婚姻时，月干戊土为丈夫，则年干甲木为丈夫的能力影响力等条件。戊坐下之辰为夫妻的感情基础。因为戊为丈夫为百神六亲，戊又为忌神，根据百神六亲坐下地支反断的规则辰土越旺夫妻感情越好，辰土受制时夫妻感情出风波；既然辰为感情基础，戌土使辰土减力，则年支戌也为婚姻感情方面的小人。这样的组合最直接的信息就是丈夫容易有外遇，戌土旺了丈夫外遇就来了。辰土还为丈夫的身体，戌土旺了也会应在丈夫身体出问题上。在实际预测时可结合夫妻纳音命组合区别是丈夫身体还是外遇。日支卯为命主第一事业的内部条件，包括内部管理、决策能力，还为对第一事业的以及对感情的态度等。也要结合命主具体的职业展开预测。时干丁为食神为命主女儿的正常六亲，也为第二事业、外遇和母亲的百神六亲。

再如乾造四柱：**甲子　丙寅　戊午　乙卯**

此四柱的六亲定位如下：乙木正官为第一事业，则日干戊为第一事业条件，日支午为命主本人的同事同行等；时干乙也为妻子和母亲；年干甲木为第二事业；月干丙为父亲和儿子等。

第二节　反断论

反断论的本质是阴阳互变规律的体现。这个规律存在于相当多的四柱中。也就是按正常的规律看某字应为用神，但按用神预测其吉凶结果却是完全相反的，必须按忌神预测其吉凶结果才准确。因此，反断论就是在特定的四柱中某些字的喜忌神性质反断。具体内容是：在扶抑格中，月干和时干受坐下克泄耗或坐下空亡时反断。但月干得年干或年支生扶不反断。反断就是把用神看做忌神，把忌神看做用神。

如四柱：**甲子　己卯　庚辰　辛巳**

本四柱庚金日干生于卯月弱百分之五十，年支子生卯木，日干弱无疑。日支辰土生扶日干成体系，不能从弱。身弱用辰土。月干己虽生日干但根据反断的规则--扶抑格中，月干受坐下地支克即反断。则月干己土反断为忌神。时干辛也是如此，因为受坐下克制而反断为忌神。

四柱：**乙亥　壬午　乙巳　己卯**

本四柱乙日干生于午火月弱百分之五十，坐下巳火和时干己土又泄耗日干，日干弱无疑。是否从弱则要看生扶日干的力量是否成体系。月干壬水得年支生扶再生日干为成体系，日干不从弱。身弱用印比。月干壬水坐下午火，午火是消耗壬水的，但此四柱的壬却不反断，因为年支亥可以扶壬水。时干己反断为用神，因为时支卯克制己。

盲派命学理论有个虚神反断的内容，是指天干字坐下无根时就为虚神，此字的喜忌性质反断。这和新派命理的反断论就基本一致了。

第三节　空亡论

空亡论是新派命理预测技术的主要内容之一，在四柱定格局及吉凶应事应期方面具有重要的作用。具体内容是：

1. 以日柱为准查空亡，空亡出现在月支时支此字就等于没有。分析日干旺衰时不予考虑。年支空亡不为空。月令空亡时，以年支论日干旺衰。

甲戌　乙亥　丁卯　庚子　（戌亥空）

月支亥空等于没有，此命局实际7个字。此四柱因月令空以年支论日干旺衰。丁生戌年支不旺不弱，克制日干的力量不成体系，日干从强。

2. 空亡字在大运出现时仍然没有，流年出现时对大运或命局的作用结果反断。此作用结果是指此空亡字对大运的作用结果或此空亡字对命局的作用结果。作用结果反断实际上就是局中空亡字在流年出现时，先按正常的作用关系推出一个作用结果，然后再把这个作用结果反过来。

如乾造四柱：**甲子　丁卯　戊戌　丙辰**　（辰巳空）

本四柱时支辰土空亡等于没有，本四柱行戊辰运时则只有一个戊字。大运的地支因是命局的空亡字还是没有的。如果此四柱的辰来到流年则对大运作用结果反断。如庚午运，庚辰年，地支的作用结果是：辰泄午，午反而增力。本四柱如行丁卯运遇戊辰年，则大运流年辰卯异性不作用，分别作用命局的同性字。但辰因为是空亡字在流年出现则与命局字的作用结果是反断的，即辰冲戌，戌增力；辰克子，子增力。

3. 命局有空亡字时，大运地支可直接填实到局中空亡处，此时大运支可直接作用其坐上天干。如

乾造：**甲子　乙亥　丙寅　戊戌**　（戌亥空）

丙子大运，运支子可直接填实到局中乙和戊坐下，此时，命局月柱看做乙子，子水可生乙木；时柱看做戊子，子水可耗戊土。其他大运依次类推。

新派命理的其它技术如体系论、干支分工论、命局原象论、纳音辅断论等都将在本书中列专章介绍。尤其应该指出的是，体系论的产生为科学界定格局提供了准确的量度标准，各个格局之间有了非常严格的界限。预测四柱从此再也不是凭感觉凭估摸定格局；命局原象论则为从命局中直接断事指出了路子；纳音辅断论的诞生，为四柱预测技技术的发展注入了无限的生机和活力，使四柱预测的吉凶结果更准确更具体。最重要的是，纳音预测在为人改造命运上具有无法估量的神奇效果。这种效果是目前已知的任何调理命运方法都无法相比的。

第三章　扶抑出吉凶

——四柱格局分类及其特点

格局理论是四柱预测理论体系的一个重要组成部分。格局的科学含义是：根据日干旺衰程度不同而对四柱分出的不同类别。日干旺但克制日干的力量成体系的组合为身旺格；日干弱但生扶日干的力量成体系的组合为身弱格；日干旺克制日干的力量不成体系的组合为从强格；日干弱生扶日干的力量不成体系的组合为从弱格。前两种统称扶抑格，后两种统称从格。

古人在格局方面进行了多方面的探索，除极少数有用者外，大都使这一理论走上了弯路。最突出的就是把格局理论和四柱预测实践相分离，使格局理论游离于四柱预测之外，成为可有可无的东西。他们有的以局中某神杀定格局，如魁罡格，局中日柱为魁罡贵人时就为此格；有的按局中某柱的五行属性定格局，如壬辰日为壬骑龙背格；有的按局中出现某字定格局，如三奇格；有的以月令字在天干上透出是何十神为准定格局，如正印格等等。以上这些确定格局的方法的共同特点就是离开预测实践谈格局，和四柱预测失去了应有的血肉联系，从而使格局理论成为四柱预测的空中楼阁。格局理论本来是为预测服务的，或者说它的生命力就在于为预测实践服务。如果自立门户，离开预测谈格局，就失去了存在的意义。如魁罡格，就是戊戌、壬辰、庚辰和庚戌四柱中的某柱为日柱时就为魁罡格。据说“魁罡四日最为先，叠叠相逢掌大权。”我在实际预测时遇到好多日柱是魁罡的四柱，有掌大权的，但大多数是一点权没有的。国英的妻子就是魁罡格，辛辛苦苦做了半生的工人，就管家里的两个人。所以古人关于格局中的错误理论应该而且必须摒弃才行。区分格局的目的是什么呢？就是为了预测得更准确，除此无它。四柱预测在实际操作上说到家就是年运对命局作用，作用的形式不是生扶就是克制，命局中的字自然不是增力就是减力。再根据增力或减力之字所代表的六亲断出具体吉凶。这样一来，格局的分类就好办了，一抑一扶而已。所以，根据扶或抑产生吉凶的道理，所有的四柱分为两种格局就可以了：扶抑格和从格。扶抑格除了喜扶就是喜抑，从格实际上也除了喜扶就是喜抑。它们各占50%左右。

格局确定后就可以进行预测了。新派命理预测技术的逐渐完善标志着四柱预测已经完全技术化了。既然是技术，思维正常的人就都可以学会的。在这套技术体系中，什么字代表什么内容都有严格的规定。什么字旺了应什么事，什么字弱了应什么事都对应的很准。在以下章节所有的四柱举例中，国英都用新派命理的技术规范说明作用原理和结果。希望看本书的读者都能从中受益。

第一节　扶抑格

此类四柱的组合特点是，日干可能旺也可能弱,但都是旺的可以抑制，弱的可以生扶。身旺的组合中用神是财官伤，忌神是印比；身弱的组合中用神是印比，忌神是财官伤。它们都是通过扶弱抑旺从而使日干的旺衰趋向平衡为吉。这类组合的四柱统统属于扶抑格。

哈尔滨市吕某

乾造：**甲辰　丁卯　乙丑　辛巳**

命主从6岁两个月起大运：

戊辰　己巳　庚午　辛未　壬申　癸酉

乙日干生于卯月旺了百分之五十，卯辰和卯丑作用的结果都是土减力，卯木不减力。克制日干的力量又能成体系，日干旺。丁火食神为用神为第一事业又得年干生扶是个能人命。实际此人是位政府官员。己巳运丁卯年，巳泄卯力大，官上有喜。此年考干被录取到县委机关工作。己巳运己巳年，两巳泄卯，提拔为副科级干部。庚午运辛未年，午未都制卯，任职共青团县委书记。庚午运癸酉年，酉午都制卯，转任乡镇党委书记。庚午运丁丑年丑午同制卯任县建委主任。

前边对此命做总体评价时，国英用了是个能人一句话。什么意思呢？从预测实践看，相同四柱的人其职业或者说从事的工作大部分是不同的。四柱相同的人有的做公务员，有的做老板，有的是教授，还有的可能是算命先生。你从四柱中怎么评价他呢。用都是官命来说吧，老板和教授从心里不承认自己是官，搞预测的就更不承认了。那对他们做个总体评价用什么词呢？“能人”于是就应运而生了。

“能人”的内涵限定在从命局中可以明确地看出命主有一定能力在身这个范围内。这样一来，它的外延就大了：有一技之长的人都算。官员有管理能力，算；老板有挣钱的能力，算；老师有教学的能力，算；研究人员有做学问的能力，算；等等等等。能力大小是另外一回事。那么农民种地算不算有能力呢？工人做工算不算能力呢?他们当中也分为能人和一般人。种同样的地，有的人一亩地收 2000 斤粮食，有的却只收了 500 斤，那么这个能收 2000 斤粮食的农民就是能人。所以能人是相对的。总的就这么个用法。这个用法肯定还不理想，如果拿过四柱就能看出甲命主是市长，而乙命主是老板，甚至能马上断出丙命主是裁缝，丁命主是个杀猪的，那该多好。可惜现在还没人能做到，包括所有的易学爱好者。希望有一天能实现这个目标。另外,曾有易友问我，强盗和妓院老板类人物是否为能人呢？我想强盗头子和妓院老板肯定是能人的。因为他们有组织管理能力。我说的能人不带任何感情或阶级色彩,仅就能力而言。

既然相同四柱的人职业不一定相同，所以从四柱中是看不出命主的具体职业的，否则就用不着用能人这个词了。现在能看出的是，如果知道命主是公职，命局显示的是能人的话，那就可以肯定这个人是当官的。是私营的话，那肯定求财为主，你可以铁口直断是老板。现在的社会越来越多样化。由公职到自己做老板或在私有企业打工的人日渐增多，当然也有相反的情况。但这种情况你只能从四柱里看出命主此年工作发生了变化，而断不出他是由公到私还是有私到公。我的一位朋友就如此，原为政府县级官员，后辞职到一私有企业打工任总经理，年薪非常可观。这类变化属于工作变化，能人的性质没变，但“官”的含义已经变化了。中国社会还处于过渡阶段，新的观念和体制正在形成，老的东西还没有完全退出历史舞台。社会发展正常之后，这类问题也就好处理了。美国前总统克林顿当了八年总统，离职后才50多岁，无公职了，属于“自己干”的私营人员。还是官吗？从权力角度说肯定不是了，但仍然有能力，仍然是能人。

辽宁乔某

乾造：**癸巳　乙丑　辛卯　辛卯**

交运：命主于公历1963年10月起大运

大运：**甲子　癸亥　壬戌　辛酉　庚申　己未**

辛金日干生于丑月旺百分之五十，年支巳火生丑土，日干旺。卯木克制日干成体系，日干旺。用神：月干乙木，年干癸水，日支卯木。根据反断规则，本四柱时干辛金反断为用神。

中神：年支巳，月支丑和时支卯。

乙木为命主的第一事业为用神得年干癸水生，命主是个能人。月支丑土为事业大小，丑土越旺事业越大。年支巳火生丑土，四柱组合不错。命主实际是国家正科级干部。命主在纳音命的组合方面有一个很不吉的组合。有这类组合的人，一生的事业成就和能力无法成正比，就是应该成就的事业和实际成就的事业相差很大。再从婚姻上看，月干乙木为妻子，月支丑土为感情基础，四柱组合很吉。但命主和妻子为同龄人，属于不吉的组合。生活中的感情极不和谐。

2003 年网上预测四柱

请祝老师看看啊！老师此四柱格局怎么定？

坤造：**己酉　乙亥　己丑　辛未**

命主从 1978 年 10 月起大运

丙子　丁丑　戊寅　己卯　庚辰　辛巳

国英测：身弱。

答：那丁丑运乙亥年命主有什么吉凶呢？

国英测：婚姻有喜，事业吉。

答：对，这年结婚了。那老师看丁丑运丙子年吉凶如何。

国英测：有感情风波，事业也不好。

答：对，这年离婚了。老师看戊寅运戊寅年命主吉凶如何？

国英测：凶年。事业身体都不好。

答：老师神了！这年冬天她出车祸死了。

本四柱己土日干生于亥月弱，但坐支丑扶日干能成体系，日干弱。月干乙木为百神丈夫。根据百神六亲坐下地支反断的规则，坐下亥旺时感情好。丁丑运乙亥年，流年支亥制运支丑，运支不制局中亥，局中亥旺命主结婚。丁丑运丙子年，子绊丑力小，丑仍能制亥，感情破裂。戊寅运戊寅年，两个寅木制日支丑土，车祸身亡。

第二节　扶抑格的延伸——从格

从格分两种形式。一种是日干旺，旺得不能克制，使日干越旺越吉的组合即从强格。这类四柱的用神是印比，忌神是财官伤；另一类是日干弱，弱得扶不起，使日干越弱越吉的组合即从弱格。这类四柱的用神是财官伤，忌神是印比。现在我们就明白了：从强和身弱的用忌神相同，从弱和身旺的用忌神相同。从格在预测时也是除了喜扶就是喜抑，所以从格其实是扶抑格的延伸。

一、从强格

命局中一片印比，克制日干的力量极小，即克制日干的力量小得不成体系。这就是所谓日干旺，旺得不能抑的组合。格局定好，用忌神区分后预测方法和其它格局相同。

2003年网上预测四柱

坤造：**辛亥　丁酉　辛酉　辛卯**

命主从1973年10月起大运

戊戌　己亥　庚子　辛丑　壬寅　癸卯　甲辰

辛金日干生于酉月旺，月干丁克制日干但不成体系，日干从强。

国英断：从强，能人命。（反馈：可以说是）文理两科都不错（反馈：对）小学在普通学校读的，初中后一直在重点学校上学（反馈：小学也是重点，只是成绩差些）。1999和2001年发财（反馈：这两年确实发财），1993年初恋（反馈：1993年和老公相识），2000年有感情风波（对，很大）。求测者请国英再断2002年有何事，国英立即回贴：2002年离婚了。（反馈：彻底离了，请老师再看看什么时候可以再婚）。

此四柱月干丁火为文科为忌神，在局中受年干制。时干辛金为理科为用神，天生文理都喜欢的命。前两步大运生扶辛金泄丁火，文理两科成绩肯定都不错。月干丁为学校，年干辛金为学校条件，辛金增力时学校条件好，包括教学质量等，这样的学校肯定是重点学校。己亥运己土生辛金，辛金旺命主所在学校条件很好，命主12岁正好读初中，所以断初中后一直在重点学校。月干丁火为丈夫为忌神，酉金为感情基础，酉金弱时感情好。庚子运庚辰年，年支辰土克运支子水，运支子不能泄酉金，酉金旺出感情风波。庚子运壬午年，流年支午火冲运支子，子不能泄局中酉金，离婚。

2003年网上预测四柱

给亲戚问婚姻：

乾造：**癸卯　乙卯　甲寅　乙丑**

命主于公历1964年12月起大运

大运：**甲寅　癸丑　壬子　辛亥　庚戌　己酉**

弟子刘君华（网名无为）测：从强，妻子漂亮有能力。命局显示婚姻有明显不顺的迹象。辛亥大运婚姻最不顺，1995、1999年感情出现危机。

君华现为北京理工大学在读研究生，业余研究易学，是个易学奇才。2003年8月份随国英学预测，一个多月后就做了我论坛的版主，正式在网上给易友预测了。

答：无为老师，你算得很准，我那亲戚是1995年离婚的。再问问他的二婚会是什么时候。

本四柱甲木日干生于卯月旺，时支丑土不能直接作用日干，克制日干的力量不成体系，日干从强。乙木为妻子，卯木为感情基础，卯弱时感情好，旺了出感情风波。辛亥运乙亥年，两个亥水生卯木，卯旺离婚。

2003年网上预测四柱，一位叫易海一粟的易友发帖子：

真人真事，练练手!!

乾造：丁巳　壬子　癸亥　癸丑

问庚戌大运，癸未流年，戊午流月有何事发生？

国英测：凶年！身体不好！

答：祝老师这是一位易友的四柱啊！今年午月车祸身亡。现场我没见，听说非常惨!

癸日干生于子月旺，年干支远隔不能耗癸水，克制日干的力量不成体系，日干从强。日支亥水为命主身体，亥为用受制时应凶。庚戌大运癸未流年，戊未一起制亥水，命主应凶。

二、从弱格

四柱中生扶日干的力量极小，小得不成体系，因而日干不能独立，必须从到底。这类组合的四柱日干越受克制越吉。《滴天髓》等书又把从弱格分成从官、从财、从儿以及多从等小类。实际上只要是从弱，预测的技术方法都相同，所以已经没有必要再分成那些小类了。从弱格的用神是财官伤，忌神是印比。

乾造：**己亥　乙亥　庚子　丁丑**　*从弱*

命主从1961年7月起大运：

甲戌　癸酉　壬申　辛未　庚午　己巳

庚生亥月弱，时支丑不能生庚金，生扶日干的力量不成体系，日干从弱。丁为官为事业，是个用神能人命。丑土为权力大小，丑晦丁凶，制丑时有权。实际上命主做了十几年的企业管理人员。

辛未运辛未年冬天，两未制丑，任某企业的保卫科长。

日支子水为本人的身体，受制时应凶。辛未运戊寅年，未寅都制子，命主去世。寅起坏作用，死于肝硬化。

青岛刘某

乾造：**己丑　丁丑　甲子　丙寅**　*从弱*

命主从1957年7月起大运：

丙子　乙亥　甲戌　癸酉　壬申　辛未

甲日干生于丑月弱，日支子水两次受伤生扶日干不成体系，日干从弱。月干丁为用，是个能人，公职肯定为官。命主实际在部队干到正营职，后转业到地方某企业任领导。年干己土为妻子，泄丁火用神起坏作用，妻子能力一般。实际上妻子是普通职工。己坐下丑土为妻子身体，丑弱妻子身体好，丑旺时妻子出毛病。癸酉运己巳年，流年支巳克大运支酉，运支酉不制局中丑，丑旺妻子车祸身亡。

2003 年网上预测四柱

一个同学的四柱，麻烦了祝老师！

坤造：**庚申　甲申　甲戌　丁卯**

命主于公历 1987 年 10 月起大运：

大运：**癸未　壬午　辛巳　庚辰　己卯　戊寅**

国英测：从弱。运好，事业大。27 以后就厉害了。1998 和 1999 年有男孩子追，2000 年分手。2001 年再谈，一直不错的。2005 年结婚。

答：从弱。运好，事业大，27 以后就厉害了。待验。

1998 年 1999 年有男孩子追，2000 年分手。对！刚到 2000 年就分手了！(好厉害的祝老师！)

2001 年再谈，一直不错的。2005 年结婚。可现在那个男孩一个劲的吓唬和她分手啊，但是总也分不成！

国英测：分不了的。

甲日干生于申月弱，月干甲被年干制，时支卯扶日干但不成体系。甲日干从弱。时干丁火为男朋友也为丈夫。卯弱时感情吉。1998 和 1999 年卯木被制力大，自然感情方面有好事。壬午运庚辰年，流年支辰泄大运支午，运支午不制局中卯，和男朋友分手。辛巳年，巳午泄卯有力再谈。

2003 年网上预测四柱

请大师帮看这个女孩子的姻缘！

请问大师，能看出这个女孩子的样貌和身材吗？

她也不小了，能帮看看她哪年的姻缘吗？

占者姓名：张某　出身地点：山东青岛

坤造：**戊午　丁巳　庚寅　甲申**

命主于公历 1985 年 11 月起大运

大运：**丙辰　乙卯　甲寅　癸丑　壬子　辛亥**

国英测：人漂亮。2001 年谈恋爱挺投缘，2003 年分手了。2004 年一定再谈。老公能干，挺帅。

答：祝老师真神啊！她哪年开始谈的我忘记了，不过的确是 2003 年分手了！

您说的 2004 年能谈，是指就确定了婚姻的对象了，还是只谈谈呢？

她的婚姻以及以后的生活都还好吗？

国英测：指 2004 年婚姻成定局了。婚姻总的看不错的。

庚金日干生于巳月弱，时支申金扶日干但不成体系，日干从弱。庚金日干为命主本人的长相，庚金弱时漂亮。丙辰乙卯都是制庚金的运，命主长得漂亮无疑。丁火为丈夫，巳旺时恋爱投缘。乙卯运辛巳年，卯木生巳火，巳旺感情好。乙卯运癸未年，未土制卯木，卯木不生巳火，分手了。乙卯运甲申年，卯木生巳火，巳旺，婚姻成定局了。

2003 年网上预测四柱

祝老师帮我看看我自己的四柱啊，多谢了！

占者姓名：山风　　出身地点：上海

乾造：**乙卯　己丑　壬戌　庚戌**

命主于公历 1977 年 10 月起大运

大运：**戊子　丁亥　丙戌　乙酉　甲申　癸未　壬午**

国英测：从弱。能人命。2001 年和今年事业顺利。乙酉运艰苦奋斗，甲申运后事业发展起来。1998 年谈恋爱，2001 年到现在（指 2003 年冬天）有感情风波。

答：祝老师好厉害！ 服了！

（1）2001 年和今年事业顺利（的确 2001 年前事业上我简直就是瞎混，从 2001 年到现在工作上有较大改变，且还算顺利）。

（2）1998 年谈恋爱（是的。）

(3) 2001年到现在有感情风波 (现正为感情困扰中)。

本四柱月支丑土空亡，以年支卯定日干旺衰。壬日干生于卯年支弱百分之五十，时干庚金生扶日干但不成体系，日干从弱。月干己土为女友，坐下地支为感情基础，坐下克制己时感情好。此四柱月干己土为正官为第一事业是个用神。月支丑土空亡，大运地支填实此处。丙戌运，运支戌填实到局中丑处。己土为用神，坐下地支生扶己土事业大吉。丙戌运的辛巳年起，流年大运的地支一起生扶己土，自然事业有成；但己土又是婚姻的百神六亲，其坐下地支反断，即填实的地支克制己土感情才能应吉。丙戌运，戊寅年，寅克戌，戌不扶己，谈恋爱了。丙戌运癸未年未戌一起扶己，必出感情风波。

2003年网上预测四柱

祝老师请您看看婚姻！解答学生的疑问！麻烦老师了!!

占者姓名：devis2003　　出身地点：河南

坤造：**丁巳　癸丑　己卯　甲戌**

命主于1983年10月起大运

大运：**甲寅　乙卯　丙辰　丁巳　戊午　己未**

国英测：2000或2001年谈的，2002年分得刻骨铭心。过去了。今后的老公有能力，挺帅，个别年也有矛盾，但分不了。

答：老师说的对，2000年谈的一个没成是因为有第三者！2001年谈的那个我们都同居了，打算2002年底结婚。双方父母都同意了！正准备见面呢！又是第三者把他夺去了！分的确实是刻骨铭心（一星期就瘦了十斤），想起来太可怕了！

本四柱己土日干生于丑月不旺不弱，时支戌扶日干不成体系，日干从弱。时干甲木为男友为用神，坐下戌土为感情基础，戌土弱了感情好。戌土增力时出感情风波。乙卯运庚辰年，辰冲戌感情投缘。乙卯运壬午年，午火生戌土，戌增力大，感情完了。

第三节　化格不存在

国英通过大量的预测实践发现古人所说的化格根本不存在。原来定为化格的组合完全可以而且必须归入从格才行。它们有的是从强,有的是从弱。

癸巳　己未　甲午　戊辰

按以往的理论，甲日干无根气，即生扶日干的力量不成体系。月干已与日干甲“亲切而合”，所谓的化神未土又临月令，肯定要化的。实际上这根本不是化格，而是典型的从弱四柱。按从弱预测就可以了。

丙午　甲午　己巳　丁卯

甲木合绊日干不成体系，日干从强。

《滴天髓·化象篇》四柱：**己卯　丁卯　壬午　甲辰**

任铁樵批：壬水生于仲春，化象斯真。最喜甲木元神透露，化气有余……。

任铁樵认为此四柱为化格。“余则宜泄……喜其坐下午，午生辰土，秀气流行”，故“少年科甲，翰苑名高”，但行一路水运，生扶卯木，所以“未能显秩，终于县宰”。

实际上，此四柱就是从弱格。年干己土正官为职务为忌，能当个县宰也是运上帮忙。无论命局还是年运，所有的作用关系包括合，都不论化。

《滴天髓·官杀篇》命例：**癸巳　戊午　丙午　壬辰**

任铁樵批：此铁樵自造，亦长夏天，与前造只换一丑字，天渊之隔矣……巳乃南方之旺火，癸临绝地，杯水舆薪。喜其混也，不喜其清也。彼则合而不化，此则合而必化。（癸水）不但不能助杀，抑且化火为劫，反助羊刃猖獗。

由此可见，任铁樵同时认为在不是化格的四柱中,命局有合的作用关系也可以化。实际上，合和其它作用形式一样，无论如何不能改变本身和其它字的五行属性，也就是不能化。任铁樵的四柱是身旺用财官伤。月干食神透出旺而为用，聪明人加傲气人，搞易学最易出成就。壬水七杀为用又旺，在与一般人不同的事业里出成就。

所有的四柱就这么两种或叫四种组合。喜忌实际就两种：生扶或克制。下一章关于分析日干旺衰的体系论将紧紧围绕它们展开，并明确地告诉大家从与不从和旺与弱的界限。

第四章　三秒定格局

第一节　体系论——区别格局的楚河汉界

分析日干旺衰、确定格局就是通过分析生扶和克制日干双方力量的大小，最后确定出某四柱到底属于身旺还是身弱，是从弱还是从强。日干旺是指命局中生扶日干的力量大于克制日干的力量，但克制日干的力量又能成体系的组合；反过来，日干弱就是指命局中克制日干的力量大于生扶日干的力量，但生扶日干的力量又能成体系的组合；日干从弱是指命局一片克制日干的力量，生扶日干的力量极小，小得不能成体系的组合；日干从强就是命局一片生扶日干的力量，克制日干的力量极小，小得不能成体系的组合。那么什么是生扶或克制的力量成体系呢？

①年支生扶月干为成体系。

庚子　甲申　乙巳　庚辰

此四柱年支子生月干甲为成体系，月甲扶日干，不管其它条件日干就不会从弱。

甲辰　庚午　丙午　甲午

此四柱年支辰生月干庚成体系，庚克制日干，不管其它条件日干就不会从强。

②时支生扶时干为成体系。

壬子　壬子　壬子　丁未

此四柱时支未扶时干丁为成体系，时干克制日干，不管其它条件日干就不会从强。

壬子　壬子　丁丑　丙午

此四柱时支午扶时干丙为成体系，时干生扶日干，不管其它条件日干就不会从弱。

③日支对日干的作用成体系，日支两次受伤时作用日干就不成体系。

癸亥　癸亥　癸未　癸亥

此四柱日支未土克制日干成体系，未土不受伤，不管其它条件日干就不会从强。

癸亥　癸亥　己丑　乙亥

日支丑扶日干为成体系，丑土不受伤，不管其它条件日干就不从弱。

④月令无论受伤与否对日干的作用都能成体系。

甲子　庚午　丁丑　辛丑

此四柱月令午火扶日干不管几次受伤都能成体系，不管其它条件日干绝不从弱。

甲寅　丙子　丙寅　庚寅

此四柱月令克制日干，月令不管几次受伤都能成体系。有月令克制日干，日干就绝不从强。

⑤月干得月支生扶为成体系。

甲子　己巳　庚午　丙子

庚生巳月弱，但月干己坐巳生日干庚为成体系，日干不从弱，身弱用印比。

丙寅　壬辰　乙巳　丙戌

乙生辰月弱，因辰扶月干壬坐辰生日干乙为成体系，日干不从弱，身弱用印比。

⑥天干印比一气扶日干为成体系，天干财官伤一气克制日干为成体系。

壬寅　壬寅　壬寅　癸卯　日干弱

壬寅　壬寅　丙寅　庚寅　日干旺

⑦时支生扶日干不成体系。

癸卯　甲寅　戊子　壬戌　从弱

⑧年支生扶年干，年干生扶月干成体系。

甲子　丙子　己亥　甲子　身弱

⑨年干生扶月干，月干生扶日干，时支也生扶日干成体系。

辛卯　辛卯　庚子　乙酉　身弱

掌握了体系论，我们在分析日干旺衰时，就可以用这样简便的思维方式定格局：先看日干在月令的旺衰状态。如果日干在月令为旺，那么只要月干、日支、时干三者中能有一项克制日干的成体系力量，则此四柱为身旺不从强；如果找不到克制日干的成体系力量，则此四柱为从强。

如果日干在月令为弱，那么只要在月干、日支、时干三者中能有一项生扶日干的成体系力量，则此四柱为身弱不从弱；如果找不到生扶日干的成体系力量，则此四柱为从弱。

分析四柱格局，必须记住月令在不受伤或一次受伤的前提下，可以决定日干旺衰的百分之五十。如果月令两次受伤则不能决定日干旺衰的百分之五十了。月令被年支日支克、泄、合绊、刑、冲和脆时就为受伤。所以在分析日干旺衰时必须首先看月令和日干的作用关系。因月令受伤在格局上所引起的几个问题如下：

1. 在月令不受伤或一次受伤的前提下，月令生扶日干，日干旺百分之五十。此时月干时干和日支再有一项生扶日干或者年支生扶月令，日干旺或从强。

如：**甲子　丙寅　乙丑　庚辰**

月令扶日干，日干旺百分之五十，年支子生月令，日干旺。

癸亥　甲寅　乙卯　丙子　从强

2. 在月令不受伤或一次受伤的前提下，月令克制日干，日干弱百分之五十，此时月干，时干和日支再有一项克制日干或者年支生扶月令，日干弱或从弱。

甲子　丙寅　己未　己巳　日干弱

甲子　丙寅　壬申　乙巳　从弱

3. 月令克制日干，月令日支都两次受伤，以日支两次受伤论，月令不为两次受伤。日干弱或者从弱。

辛卯　庚子　丙午　壬辰

此类四柱只论日支两次受伤，月令不论两次受伤。此四柱日支午火两次受伤无力扶日干，年支卯不能生日干，日干从弱。

甲子　壬申　甲寅　壬申

看上去月令日支都两次受伤，以日支两次受伤论，月令不为两次受伤。此四柱身弱。

4. 月令生扶日干，月令日支都两次受伤，以日支两次受伤论，月令不为两次受伤。日干旺或从强。

甲子　己巳　丁亥　癸卯

巳火月令一次受伤仍能决定日干旺衰的百分之五十，日支两次受伤不能克制日干。日干旺。

甲戌　戊辰　庚戌　庚辰

此四柱月令辰土生日干庚，月令辰不为两次受伤，日支戌为两次受伤，日干从强。

5. 月令生扶日干月令两次受伤，使月令受伤的两个字都克制日干，日干以弱论；月令克制日干，月令两次受伤，使月令受伤的两个字都生扶日干，日干以旺论。此公式的使用条件就是时支不克制日支。

甲子　己巳　甲子　己巳

月令巳克制日干甲，但巳被两子克制，子生甲日干，日干旺。

甲子　己巳　戊子　丁巳

月令巳生日干戊，但月令巳被两子克制为两次受伤，日干弱。

第二节　分析日干旺衰分析什么

四柱预测爱好者对分析日干旺衰的重要性恐怕都没有疑义，但是对怎么分析日干旺衰却见仁见智，有许多不同的看法。这里边有许多误区需要清理。国英在四柱预测培训讲课时发现，有许多易友在分析日干旺衰时根本不知从哪里着手，甚至有的根本就不明确分析的是日干的旺衰。这话说起来像笑话，但却实实在在地存在着。在预测之前一定要明确，我们分析的是日干的旺衰，而不是其他字的旺衰。只有把日干旺衰判定准确了，格局才能确定，用忌神才能找准。找准了用忌神，再看年运使谁增力了使谁减力了，从而找出吉凶之应，也就达到了预测的目的。即使把其他字的旺衰分析得再透，日干旺衰如果定错了也会南辕北辙。如有这样一个四柱：

甲申　庚午　辛未　癸巳

如果我们先分析甲生午月弱，又被申克更弱；庚生午月弱，庚又被甲耗更弱；癸弱坐巳也弱；申弱被午克也弱；午旺让未土合绊；巳生午月旺等；转了一大圈还是不知道日干旺衰。做的都是没用的工作。此四柱只要知道辛生于午月弱，但年支申扶月干庚，庚扶日干，日干不从弱，身弱用印比就完事了。眉毛胡子一把抓的方法是定不准格局的。有人可能说，其它字的旺衰和日干是有联系的。实际上对日干旺衰起作用的就那么一两个个最关键的联系点，如生扶或克制日干的力量是否成体系等等。抓住了这个关键的联系点分析日干旺衰就成了一件非常容易的事。

从预测实践看，分析日干的旺衰只用于确定格局，而确定格局的目的就是为了找出命局中吉凶之应的参照物，即四柱的用神和忌神。这个吉凶之应的参照物即用神忌神区分后，所谓的日干旺衰就已经失去了任何意义。其它字的旺衰更是没有意义。命局中各字的旺衰不是分析吉凶大小的依据。命主应吉应凶大小即吉凶定量的依据是四柱以外的内容——复杂而神秘的风水系统。

第三节　正确运用天干地支作用规则

1. 正确运用隔不作用。即命局中干与干之间，支与支之间相邻作用，相隔不作用。

甲子　壬申　庚申　癸未

年干甲泄月干壬水，不能耗日干庚；壬月干可以泄日干庚，不可以作用时干癸；时干癸可以泄日干庚，不能扶月干壬，更不能生年干甲。地支也是如此。

2. 同柱干支中只论支对干作用，干对支不作用。

如，庚寅，只论寅耗庚，不论庚克寅。庚辰，只论辰生庚，不论庚泄辰。

3. 不同柱干支间的作用规则：年支可以生扶月干；月支可以作用日干；日支不作用时干；时支也不能直接作用日干。整个干支间都是支作用干，干不作用支。

第五章　命局大运流年三者关系

第一节　命局大运流年的基本作用规则
——动静阴阳

命局大运和流年三者关系是四柱预测核心技术之一。国英发现，有的人学预测几十年也没弄明白这三者关系是怎么一回事，其预测准确度就可想而知了。

命局反映的事是静态的，流年大运的参与才使人生成为动态的过程。流年大运使命局中起好作用的字增力时，命主应吉；使起坏作用的字减力时命主应吉。反之应凶。应何吉凶要根据具体增力减力的十神六亲断。这是四柱预测具体操作的总诀。

命局大运流年三者关系的具体操作技术说到家就是四个字：动静阴阳！知道了谁动谁静以及动静之间的作用规则，掌握了同性异性作用的规则，整个大运流年三者关系也就一通百通了。四柱是先天信息的反映，岁运是四柱命主后天所经历的各个人生阶段。借用奇门遁甲的预测术语，命局和大运流年这对关系中命局为主为静，大运流年为客为动；相对于岁运来说，命局只能永远被动地承受岁运对它的生克制化。也就是说命局大运流年之间只能是年运作用命局，命局在任何情况下都不能作用年运。大运和流年这对关系中，除了虚实作用外，都是流年为客为动，大运为主为静。流年主动作用大运。所谓虚实是指命局中出现的干支为实神，命局不现大运流年出现的干支为虚神。虚神和实神在大运流年的作用关系中各有不同的规则。详细内容见本章第三节。

乾造：**甲子　丙寅　戊辰　壬子**

大运：**丁卯**

进入丁卯运后，只能是大运丁卯作用命局各字，命局中任何字都不能作用大运丁卯。

如果是大运丁卯 流年癸酉，则大运流年为同性首先发生作用。就是癸克丁，丁减力；酉冲卯，卯减力。减力后的丁卯再分别作用命局各字。命局中的任何字也不能作用大运丁卯和流年癸酉。

第二节　命局大运和流年共同决定一切

命局只决定四柱格局的高低，组合的优劣，也就是命主有无能力（包括为官、求财，做学问等），至于这种能力能否得到发挥以及何时为官何时发财等等则是由命和运共同决定的。再好的命局组合，如果无运帮扶也难以成就大事业。换句话说，就是好命必须有好运配合才能成大事。那什么是好命呢，也就是四柱格局高低看什么呢？主要看命局代表第一事业的字。第一事业的字为用为能人，第一事业的字坐下地支吉时能力大。

济南张某

坤造：**丁未　己酉　乙酉　庚辰**

乙木日干生于酉月弱，局中一片克制，日干从弱。时干庚金正官为用神，代表丈夫和婚姻。庚坐辰土受生扶，说明原局反映的婚姻信息很好。庚金为夫，辰土为感情基础。辰土越受生扶婚姻越吉。但命主一路水木运，都是克制辰土的力量，婚姻难免出风波。再加上命主的丈夫纳音命为火，自己为水，女命克男命是婚配之大忌。肯定两次婚姻。2004 年夏天命主来预测。国英断其已经和丈夫分居。命主问，还能好吗？国英又问了丈夫的纳音命。肯定地对命主说，无法好了，你们的缘分秋天就结束了。实际命主在阳历 9

月中旬办的离婚手续。

坤造：**丙午　戊戌　辛未　己丑**

原命局丙为丈夫为用神，午为感情基础，午旺感情好。命局组合婚姻吉。但丙申运壬申年，两个申金耗午火，午弱闹离婚，没离成；乙未运丙子年离成。

乾造：**丁巳　壬寅　癸卯　壬戌**　从弱

月干壬为母亲为忌神，年干丁为父亲为用神。丁绊壬父爱母亲，壬受制母亲爱父亲。寅木弱了母亲大吉，年支巳泄寅父母感情好。但辛丑运，辛耗丁，丑晦巳，巳难泄寅，丁难绊壬，父母关系极不好。庚子运辛未年，父母办完离婚手续。巳泄不了寅，是父亲失去了让母亲爱的魅力，母亲主动提出离婚。

以上三例都是命局某方面信息很好，由于大运流年的介入而发生变化的。所以，断一个人一生某方面情况如何，必须把命局大运流年结合起来才准确。

第三节　大运流年之间的主要作用形式
——实实作用、虚实作用和虚虚作用

大运流年为同性时二者必须首先发生作用，其作用结果再作用命局，根据命局中字受损收益情况定吉凶。大运流年为异性时二者不发生作用，而是同时作用命局的同性字。传统命理最大的失误之一就是大运流年的作用关系没有任何规则，而是想怎样就怎样。不管什么命局，也不管命主行什么运，更不论虚实，一律是遇寅卯流年命局木就旺，逢申酉流年命局金就强。把命局大运流年的关系煮成了一锅粥。其实如果掌握了阴阳动静四字诀，处理大运流年的关系就变得非常简单了。大运流年作用的形式有三种，分述如下：

1. 实实作用：

即大运流年都是命局中存在的字。同性时按照运为静年为动的规则断作用结果，（运增力还是减力），其作用结果再作用命局。异性时流年和大运分别作用命局。根据命局中字受损受益情况定吉凶。如丙运甲年，丙甲都为实神其作用规则是：运丙为静，年甲为动，甲生丙丙增力。丙增力即为作用结果，增力的丙再作用命局中天干各字。

乾造：**乙巳　癸未　丁卯　乙巳**

本四柱从强，月干癸水为第一事业为忌神，有年干泄，命主有能力。月支未土越弱能力越大。己卯运以来，己土克制月干癸水忌神，卯木克月支未土，事业大发展，成为有几百万资产的企业家。己卯运癸未年，未卯实实作用。此流年和大运的作用规则是：大运己卯的卯木为静，流年支未土为动，未土耗运支卯木，运支卯木无力克局中未土，未土在此年旺起来，命主官灾入狱并破财。

2. 虚实作用：

按照实为静虚为动的规则断作用结果。虚实同性作用时分两种情况：虚在大运实在流年时，虚神在作用流年实神的同时仍可作用命局中的其他字，也照样出吉凶。虚神在流年实神在大运时，以大运被流年作用的结果（运增力还是减力）作用命局。根据命局中字受损受益情况定吉凶。虚实作用为异性时也分别作用命局中的字。

乾造：**辛亥　庚寅　甲申　辛未**　身旺

月干庚金为父亲为用，月支寅木为父亲身体，寅木越旺父亲身体越好。丁亥运壬午年，亥午为虚实作用。它们为异性不作用，而是分别作用命局中的同性字。午泄寅，寅弱父亲身体不好。此年父亲去世。

乾造：**己酉　丙子　丙子　己亥**　从弱

甲戌运丙子年，戌和子为虚实作用，此时，子水实神为静，戌土虚神为动，戌克子，子受伤，日支子为身体，此年车祸残疾。

乾造：**甲辰 丁卯 乙丑 辛巳** 身旺

此四柱月干丁火为用神为第一事业，丁得年干生是个能人。卯木弱了事业大，若当官就是权力大。实际此人为副县级干部。庚午运，丁丑年，庚丁虚实异性不作用，分别作用命局中的同性字。流年丁扶命局丁大吉；丑午虚实异性不作用，午生辰，丑耗卯，卯木弱了权力大，实际此年到一个权力大的单位任职。

3. 虚虚作用完全同实实作用。

传统预测法中有个所谓“六柱同论”的理论，对正确学习和运用命局大运流年三者关系起的负面影响很大，有必要做一番澄清。它的基本含义是，除了在命局中分析日干旺衰外，还要把命局大运流年放到一起论日干旺衰。这个年运日干是旺的，用神是财官伤，那个年运可能日干就弱了，用神再变成印比。这个换用神的所谓“六柱同论”流传甚广，贻害无穷。想学会四柱预测就一定要彻底摒弃“六柱同论”，否则永远不会正确掌握命局大运流年三者关系。

下面请看一个网上预测的四柱（2003年预测）：

请祝老师看看本人命造到底是什么格局？

有人说是从弱，有人说是杂气财官，有人说是木火假伤官格。

请祝老师给指点一二啊！学生这里谢过了！

乾造：**戊午 壬戌 乙卯 丁丑**

命主于公历1985年2月起大运

大运：**癸亥 甲子 乙丑 丙寅 丁卯 戊辰 己巳**

国英断：身弱用印比。

答：祝老师，多谢您百忙之中给看四柱。您看下面这个论断如何：乙木日干生于戌月，日干弱。乙木自坐卯木强根，但卯戌合绊，卯木受伤减力。

月干壬水生于戌月弱，年干戊土制月干壬水，使壬水无力生卯木。时干丁火生戌月本力弱，但有年支午火强根，卯戌合而助火，因此丁火有力泄日干乙木。丑土不帮身，泄丁火之力。综合判断，原局乙木从弱，以从弱断原局信息。但前两步大运助身，以身弱断。

这是一个用六柱同论断命的例子。原局为从弱。头两步大运按身弱。后边的运也可能身弱也可能身旺。

国英在此明确告诉各位：这种情况绝对不会出现的！格局一经确定，用忌神一旦区分就永远不变，直到此四柱命主的消亡。

如果说准确的判定格局，正确的地区分用忌神就等于找对了四柱预测的方向的话，那么科学地掌握命局大运流年三者关系则是进入准确预测的路径。没有这条路径，即使找对了方向也还是测不准事。从根本上说，用命局大运流年三者关系断事就是四柱预测综合知识的具体运用。理论的，技术的每一个细节，都会在这里得到充分的运用。哪一点掌握不好也断不准应事和应期。学习预测理论和技术的目的实际就等着在这里用。掌握了命局大运流年三者关系，断哪年升官，哪年发财、哪年结婚哪年离婚等吉凶可以说就是举手之劳的事。而不掌握三者关系是永远断不准流年的。

一位叫谢滟缤的易友 2003 年在网上给国英发信说：

祝老师,看一个人是不是算命高手,应该主要看他对流年推断得准确性,对么?以前我也请别人算过命，但大多数情况是大体趋势能算出来,具体到年份就算不出。.比方您说，2001 年身体很差，其他人都不能肯定是 2001 年,但近几年身体不好可以看出。实际情况是我 2001 年过得生不如死。祝老师,您是我见到的算的最准的人。

山东王某

乾造：**乙未　癸未　丙子　辛卯**

命主从 1957 年 6 月起大运

壬午　辛巳　庚辰　己卯　戊寅　丁丑

丙日干生于未月不旺不弱，时支卯不能生扶日干，年干乙木不能生扶日干，即生扶日干的力量不成体系，日干从弱。癸水正官为用能人命，公职必为官。

断：辛巳运癸丑年，流年支丑土泄大运支巳火，运支巳火不生命局中未土，未土弱，官上有喜。但命主这年才 18 岁，官上能有什么喜呢？那个时代那个年龄一是招工，城里的年轻人才有份，二是当兵，农村青年也有份。命主出生在农村，国英推断命主这年当兵了。

答：对，是这年当兵。

断：庚辰运戊午年，流年支午火生大运支辰土，辰土旺刑局中未有力，官上有喜。

1977 年以前年运作用的结果都是使未土增力难提干，所以 1978 年提职。这几个流年的作用形式和结果是：辛巳运甲寅年，巳生未力大，难提职；辛巳运乙卯年，卯生巳，巳生未土的力量更大，难提职；辛巳运丙辰年，巳生未仍然力大，难提职；辛巳运丁巳年，两个巳火生未土力更大，难提职；庚辰运丁巳年，巳生未还是难提职；庚辰运戊午年，午生辰辰旺刑未土，提职。

答：对啊，干了五年熬了个排长。

断：庚辰运癸亥年，流年支亥水制未土有力，又提职。

答：此年提连长。

断：己卯运丁卯年，年运两个卯木制未土，再提，应该提一级，当营长了吧。

答：1987 年提了，但是半级，任副营长。

断：己卯运庚午年，午泄卯力小，卯仍有力制未，再提职。

答：转正了。

掌握了命局大运流年三者关系，就可以非常轻松的断出命主每年官的吉凶了。

第四节　大运、流年的干支间不作用

流年大运之间只论天干和天干作用，地支和地支作用，干与支之间不作用。

如大运庚辰流年戊午，如果是虚虚作用或实实作用，其作用结果是：流年干戊土生大运干庚金，庚金增力；流年支午火生大运支辰土，辰土增力。此时不论大运的地支辰作用大运干庚，也不论流年的地支午作用流年干戊，更不论流年地支午作用大运干庚或者大运的地支辰作用流年干戊。

2003 年网上预测四柱

敬请祝老师看看！

乾造：**丙辰　戊戌　乙卯　庚辰**

交运：命主于公历 1979 年 8 月起大运

大运：**己亥　庚子　辛丑　壬寅　癸卯　甲辰**

国英测：身弱用卯木。2003 年夏天开始感情出问题了。

答：就是啊！祝老师，我们今年分手。请您详细指点下晚辈的事业和感情。

国英测：事业从 2000 年以来一直很一般。放心吧，你的好运到了。明年是事业感情双丰收！

答：老师说的真对！您看我真正好运从什么时候开始呢？今后事业财运如何？2004 年有新女友么，是什么样子？

国英测：2004 年肯定有新女友了。你事业的好运从 33 岁开始。那个运上发财，你一生不宜求官的。明年是阶段性的转运。

乙木日干生于戌月弱，但有日支卯木帮扶，卯木被戌土合绊为一次受伤仍能成体系帮扶日干，日干弱。月干戊土为女友，戊土弱时感情好，戊土旺了出感情风波。辛丑运，癸未年，流年支未冲大运支丑，运支丑不刑局中戌，戌土旺和女友感情完了。辛丑运甲申年，大运支丑和流年支申一齐制戌土，肯定找到满意的女朋友了。

庚金为命主的事业，壬寅运，运干壬水制局中庚金，运支寅木制局中辰土，事业顺利。如果再遇壬和寅增力的流年那就是命主事业最吉的年份了。

2003年网上预测四柱：

久仰大名，恳请祝老师看看此女之四柱！

坤造：**壬子　辛亥　丁未　丙午**

命主于公历1974年6月起大运

大运：**庚戌　己酉　戊申　丁未　丙午**

国英测：身弱。1997或2000年有感情风波，事业也不顺。2002年事业顺利。

答：多谢老师，预测极准！一点都没错！名不虚传！明后年婚姻感情大概会怎样？

国英测：2004年和2005年婚姻是转折年，2006年以后感情稳定了。这两年事业也艰难。2005年注意身体。2006年事业很好。总之你的好运从2006年开始了。

答：感谢老师！祝老师，您讲的“婚姻转折”是指转为稳固还是转为疏远甚至分手？好象可以多角度的理解，愿听其详。

国英测：明后两年感情不好，2006年以后感情稳定了。

丁日干生于亥月弱，年支子扶月支亥，日干弱无疑。但日支未扶日干成体系，时干支扶日干也成体系，日干不能从弱，身弱用印比。根据反断规则，本四柱月干辛金反断为用神，年干壬水泄辛金为忌神。壬水为丈夫，坐下子水为感情基础，子弱感情好，子水旺了出感情风波。戊申大运，运支申金生子水，子水旺肯定要出感情风波的。什么年出呢？申金增力的流年。庚辰年丁丑年辰丑土都生申金，这两年自然有感情矛盾。丁未运甲申年，申生子力大，仍然会有感情矛盾。丁未运，乙酉年，流年支酉制大运支未土，未土难制局中子水，矛盾继续。丙戌年，戌制子力大，感情好了。

第六章　从命局原象断富贵贫贱

第一节　第一事业吉能人命

新派命理预测技术中有一个很重要的概念：第一事业！它的意思就是命主经常从事的那个工作。每个人都有自己经常做的事，所以每个人的四柱中都有代表第一事业的字。第一事业的正常六亲是正官，没有正官的按百神论原则确定。

要注意的是，第一事业不是单纯指天干那个官字，而是代表第一事业的这一柱。此柱的干支都代表第一事业，只不过根据干支分工论的原则，该柱天干是第一事业的标志而已。新派命理预测技术中所有六亲都是同柱干支一体。所以，同柱的关系密不可分。无论测什么事都离不开同柱的地支对坐上天干的作用关系。这是新派命理预测技术的一个重要原则。第一事业吉的四柱都是能人命，此为从命局原象断事的一项基本技术。第一事业吉既是指天干那个标志吉，更是指第一事业字坐下地支吉。如果第一事业的天干凶地支吉时，按干支分工论的规则以地支为主确定。因为天干代表命主有无能力，本柱地支却代表能力大小。如果地支反映的能力很大，天干反映的是没有能力，那自然还是命主很有能力。反过来也是，如果天干反映有能力，地支却反映能力极小，能说这个人很有能力吗？最多是看上去挺能，实际平常人一个。明确了同柱干支代表某六亲的内外环境这个技术规则，才能对第一事业的内涵有全面准确的认识。从命局中如何确定第一事业吉呢？第一事业吉的四柱一般分为这么几种情况：

①第一事业的干支都吉，命主肯定是能人。

乾造：**己未　癸酉　丁巳　丁未**　袁世凯

丁火生于酉月弱，但月令酉金两次受伤，使酉金受伤的巳火和未土都帮扶日干，日干旺。月干癸水为第一事业为用神。月干癸水因为是偏官而非正官，所以坐下的酉金反断，即酉金越弱权力越大。酉金两次受伤弱极，天生掌大权的命。本四柱就是第一事业干支都吉的组合。

坤造：**丁未　己酉　乙酉　庚辰**　山东张某

从弱的四柱，时干庚金为第一事业为用神，坐下辰土生扶庚金，能人命。命主原在某国有垄断企业做颇有实权的科长，后辞职和别人一起办公司，发展极快。

②第一事业字的坐下地支吉时不管天干如何，命主肯定是能人。

乾造：**癸未　乙卯　甲子　己巳**　岳飞

身旺的四柱。月干乙木为第一事业为忌神且逢生，天干非常不吉。但因乙木为第一事业时是百神六亲，所以坐下的地支卯木反断。卯木越旺也就是卯木越帮扶乙木事业越大。年支未土与月支作用，未土受伤，卯木不受伤。卯木临月令得日支生，极旺。那自然是干大事业的命。岳飞统领千军万马差点打败金兵，事业不可谓不大。

乾造：**癸卯　乙卯　甲子　丙寅**

国英的一名弟子,南京人。和岳飞四柱组合几乎完全相同。现在国内外都有自己的公司，千万老板。

坤造：**乙巳　己卯　辛未　壬辰**　身弱的四柱

壬水为第一事业为忌神。坐下辰土帮扶壬水也是能人。命主现为一公司老板。

③第一事业字为用逢天干生扶，命主肯定是能人。

乾造：**癸巳　甲子　丁酉　甲辰**　湖南毛某

身弱的四柱，月干甲木为第一事业得年干生，典型的能人。甲木为正印是个文科人才，更是名人。老人家对诸子百家、天文地理可以说是无所不通。七杀癸水为武备，生第一事业起好作用，一生最拿手的还是玩枪杆子。坐下子水越弱命主的事业越大，也就是子水对甲木的生扶力越小事业才越大。那么此四柱子水旺于月令，日支酉金又生月令，那命主的事业肯定不大了！这显然不符合事实。这个问题也曾被许多易友问到国英的头上。经过反复研究，国英终于搞明白了甲子的特殊应事规律。毛某的四柱没错，事业做的大自然千真万确，新派预测技术的规则更是没错。只是我们过去没搞明白这个四柱的特殊作用关系，这就是：甲子在月柱上，正是冰天雪地之时。此时的子为寒水不能生甲木；此时的甲木为休木不受水之生。冬天的木一般都落叶休眠了，也就是处于不受生的状态。水再生也无法使其发新枝吐新芽。如果再让它泡在水里（甲坐子上)，则真的不仅不受生而成水多木漂了。所以甲子月生人，子水旺为吉时应吉程度小，子水弱为吉时应吉程度大。

乾造：**癸巳　甲子　丁酉　甲辰**

子水天生不生甲木，所以事业大极。

坤造：**戊申　甲子　己卯　癸酉**

从弱的四柱，子水旺为吉。子水天生难生甲木，事业一般。

坤造：**癸卯　甲子　癸巳　丙辰**

身旺的四柱，甲木为用。子水天生难生甲木，儿子身体极不好。

辛酉　壬辰　辛亥　戊子　民国名人岑春煊

辛金生于辰月旺，时干生身日干旺无疑。克制日干的力量成体系，身旺用财官伤。月干壬水伤官为第一事业。壬水得年干辛金生，能人命定了。壬水伤官透出又旺，人很聪明。辛金年干坐酉金起好作用，一生事业多和军队有关。曾任清政府四川、两广总督、民国护法军政府主席等。

丙戌　丙申　乙丑　戊寅　美国前总统克林顿

从弱的四柱，月干丙火为第一事业为用，得年干帮扶，能人。伤官为用透出旺，风流才子。

④第一事业为忌受制也为能人。能力大小仍然决定于地支。

乾造：**丁亥　壬寅　甲戌　壬申**

本四柱甲木日干生于寅月旺，年支亥水生寅木，日干旺无疑。但日支戌土一次受伤克制日干仍能成体系，日干旺。月干壬水为第一事业为忌神被年干合绊，命主也为能人。实际命主在国有企业做中层干部多年，直至退休。

乾造：**壬午　己酉　丙寅　壬辰**

身弱用印比的四柱。月干己土为第一事业为忌神，受年干壬水耗制，命主也是能人。命主原为某国有大企业干部。伤官为忌主有艺术才华。命主痴迷书法多年，现为著名的书法艺术家。

⑤第一事业字起了好作用能人命。

乾造：**辛巳　戊戌　甲辰　乙亥**

时干支一气扶日干成体系，身弱。年干辛金泄戊土忌神起好作用为用神。辛金为第一事业起好作用能人。命主实际是部队师级干部。

坤造：**甲寅　己巳　己酉　丙寅**

身旺的四柱。年干甲木为第一事业，合绊月干己土忌神起好作用能人命。命主实际为某税务局干部。

第一事业吉的四柱，除了这五种组合外，还有其它类似的组合，但大都跑不出以上模式。

第二节　早逝或残疾命的四柱组合特点

日支为命主的身体，也为命主的生命。所以命主的寿限及身体都看日支。这个技术规则的正确性已被大量的预测实例所证实。预测寿限与身体总的原则就是日支为用逢生吉，为忌受制吉。反之为凶。一般说来，早逝的命在命局中都带有比较明确的信息。如果看出命局是这种组合，结合年运就可以找出应期了。命局的早逝信息主要有这样几种组合：

一、日支为用在命局被月支时支制或为忌被月时支生扶早逝

乾造：**辛未 癸巳 丁亥 庚戌**

丁火日干生于巳月旺百分之五十，戌土克亥水日支受伤月令不受伤，日干旺无疑。天干印比一气克制日干成体系，日干旺。日支亥水为用神两次受制，先天性痴呆，婴儿瘫，还一只眼失明。如生于酉时或亥时，无论如何不会这样。

乾造：**乙巳 丁亥 丁卯 丙午**

月令空亡，局中克制日干的力量不成体系日干从强。日支卯木为身体为用神，被巳火午火泄两次受制，早夭命。丙戌运，大运戌土合绊卯。丁巳年，巳火泄卯木力更大，命主淹死。

乾造：**己未 癸酉 癸卯 戊午**

癸日干生于酉月旺百分之五十，酉金一次受伤，日干旺。日支卯木为身体生命为用神，两次受伤。早夭信息明显。辛未运，运支未土耗卯木，戊寅年，寅木生午火，午旺泄卯力更大，车祸死亡。

坤造：**戊午 乙卯 甲午 丁卯**

甲木日干生卯月旺百分之五十，但是卯木被年日支泄为两次受伤，日干弱。日支午火为身体为生命为忌神，两次逢生为凶，是早逝标志。癸丑大运，壬午流年，午火在流年扶局中午，午旺被杀害。

二、日支为用在命局一次受制严重也易早逝

坤造：**庚戌 辛巳 己亥 乙亥** 演员阮玲玉

本四柱身旺用财官伤。月干辛金食神为百神丈夫，婚姻不顺信息明显。日支亥水为用神为生命。己卯运，乙亥年，卯木泄亥水力大，命主自杀。

乾造：**丙午 辛丑 癸未 癸亥**

癸水生于丑月旺百分之五十，月干再生日干，日干旺无疑。但日支未土一次受伤克制日干仍然能成体系，所以此四柱为身旺用未土。未土为用被月

支丑土冲，受伤严重。因丑土不但是月令力大，还得到年支午火生扶，力量更大。早逝信息明显。癸卯运，卯木克未土同性力大，这步运极凶。甲子年自杀。

乾造：**癸丑　甲寅　甲戌　甲子**

甲日干生于寅月旺百分之五十，局中除日支戌土克制日干外一片帮扶，日干旺无疑。日支戌土一次受伤仍然能够克制日干，日干不能从强。身旺用戌土。

戌土为身体为用神受寅木制易早逝。辛亥运乙亥年，两个亥水耗戌土，生寅木，戌土被制严重，车祸身亡。

坤造：**辛亥　丁酉　丁巳　戊申**

丁日干生于酉月弱，日支被申金合绊一次受伤，但帮扶日干仍能成体系，日干弱用巳火。巳火为用为生命。本已弱，再受申金合绊为凶。早逝信息明显。己亥运壬申年，亥水冲巳火，申金绊巳火，凶年。实际此年命主被男朋友杀害。

乾造：**戊子　癸亥　丁巳　辛丑**

本四柱时支空亡。巳火一次受伤仍能扶日干，身弱用巳火。日支巳火为生命为用被月支得年支帮扶冲克为凶。早逝信息明显。甲子运己亥年，亥子克巳火兑现，命主夭亡。

乾造：**壬寅　丁未　乙丑　壬午**

本四柱从弱，丑土为生命，被未土临月令冲为凶。辛亥运乙酉年，流年酉生大运亥，亥旺克午耗丑，突发病去世。

乾造：**庚戌　戊寅　癸亥　辛酉**

癸日干生于寅月弱百分之五十，月干戊土克制日干，日干弱无疑；帮扶日干的力量成体系，身弱用印比。日支亥水为身体为用神，被月支寅木合绊不吉。辛巳运，巳火冲克日支亥水，克制时支酉金大凶。戊寅年，命主突然得尿毒症死亡。

三、日支和年月时支为同一个字又都为用神时易早夭

乾造：《滴天髓》小儿章：**壬申　戊申　壬申　戊申**

壬铁樵批曰：壬水生于秋令，地支皆坐长生，天干两戊两壬，大势观之，支全一气，两干不杂，且杀印相生，为大贵之格。不知金多水浊，母多子病，四柱无火克金，金反不能生水，戊土之精华尽泄于金，谓偏枯之象必然难养。果死于三岁甲戌年。

任氏批命的最大特点就是有理论无技术。分析命局泛泛而谈，一般也就是简单地说说几个大运，极少有批到流年的。这个四柱的夭折原因其实他也没说明白。国英分析如下：

本四柱壬水生于印月，克制日干的力量不成体系，日干从强。日支申金为身体为用神。四申金气连一起，可谓旺极。但这样的组合最容易招麻烦。这是因为，四柱是先天信息的反映，岁运是四柱命主后天所经历的各个人生阶段。命局和岁运的作用规则是命局为静，岁运为动。相对于岁运来说，命局只能永远被动的承受岁运对它的生扶或克制。因此从这个意义上说，岁运的力量是无限大的。局中某五行的力量连成一气谓之太旺，如本四柱的地支申金。这样往往会违背命局为静的游戏规则，就是所谓的犯太岁。命局的五行再旺力量也是也是有限的，而岁运的力量则是无限的。以有限的力量对抗无限的力量肯定会粉身碎骨。所以，此四柱甲戌年，戌土太岁脆申金，申金力大犯太岁，最后当然是申金崩溃死亡。

乾造：**己酉　丙子　丙子　己亥**

本四柱帮扶日干的力量不成体系，日干从弱。年支酉金生月支子水，月支子水扶日支子水，时支亥水也扶日支子水，日支旺极。甲戌运，丙子年，地支年运虚实作用，运支戌土克年支子水，流年支子水即为局中子水，子水旺极犯大运，运支戌土克制子水力量更大，此年车祸残疾。

乾造：**己亥　丙子　丙子　己亥**

和上造结构相同，也是从弱格局。壬申运，壬午年，流年午火克制运支

申金，申金不生子水得绝症。

四、早夭的四柱组合和某些病残的四柱组合相同，有些在预测实践中无法区分是早逝还是残疾

乾造：**辛巳　乙未　癸未　癸亥**

癸日干生于未月弱百分之五十，月干和坐下都克身，日干肯定弱。但时支扶时干成体系帮日干，日干不从弱。身弱用比劫。日支未土为身体为忌神，未土越旺身体越不好。命局中年支巳火帮月支未土，月支未土帮日支未土，未土旺极。命主出生时带有先天的足部残疾。

坤造：**丙寅　己亥　甲申　甲子**

甲日干生于亥月旺白分之五十，时柱帮身，日干肯定旺。但年支生年干，年干生月干为成体系，日干不从强。身旺用财官伤。日支申金为身体为用神，被亥子两泄，身体极易出毛病。戊戌运，戊土脆申金，辛巳到癸未三个流年都是使戊土增力的年运，命主得了一种小腿以下肿胀的病，疼痛不能行走，所有的医院都看不出病因。

乾造：**己亥　乙亥　庚子　丁丑**

日干生于亥月弱，帮扶日干的力量不成体系，日干从弱。日支子水为身体，年月支都来帮扶日支，日支旺极，辛未运戊寅年，子水被彻底克制命主得急病去世。

第三节　库起好作用富贵人

辰戌丑未四墓库在四柱预测中有着非常重要的作用。它在确定命主富贵贫贱时作用非常明显。所以，进行预测四柱要特别重视四库的作用。国英的经验是，四库起好作用时命主必富贵。具体应在哪方面要看是何墓库起好作用。一般说来，财库起好作用富命；官库起好作用官命；食伤库起好作用艺术家或专家命。但也不完全这样，有时财库也应官运，有时官库也应财运。其实这和现实生活相同，一个演员做了文工团长，当然就行官运了，但他的艺术才华照样存在。如果她因为演出得奖金就又发财了。

分析命局首先要根据体系论的规则，正确分析四柱格局，从而准确界定墓库到底起了什么作用。

一、局中财库起好作用时，命主多为大富

乾造：**甲辰　壬申　戊子　乙卯**　总设计师邓某

从弱的四柱，年支辰土为财库，生申金起好作用，而且辰土的力量一直传续到卯木。时干乙木为邓的官职，卯木为他的政策。他掌权后，致富的政策开始在整个神州大地推行。

乾造：**乙未　丙戌　壬戌　己酉**　世界首富比尔·盖茨

此四柱一看就知道是从弱格，因为生扶日干的力量不成体系。命主日支财库起好作用，月支也为财库扶日支，四面八方的财都进入命主的口袋。年支是食伤库，扶财库也起好作用，命主之财是用知识技术挣来的。换句话说命主不仅是一个老板更是一个专家学者。食伤代表智慧知识，也引申为能力方法。

乾造：**戊辰　己未　庚午　丁亥**　华人首富李嘉诚

日干庚金生于未月弱百分之五十，日支克制日干，日干弱无疑。但月支扶月干生日干成体系，日干不从弱。身弱用印比。月支未土财库帮扶月干己土合绊日支午火起好作用，命主富命。

国英当面预测过的两个亿万富翁：

乾造：**辛丑　丁酉　乙卯　丙戌**　北京刘某某

日支卯木被月支酉金冲，时支戌土合绊，帮扶日干的力量不成体系，日干从弱。时支戌土既为财库也为伤食库，合绊日支起好作用，命主大富。年支丑土为官库，生酉金起好作用，命主官运也很畅。公职时曾做到正处级。

乾造：**戊戌　己未　庚子　丁丑**　上海于某某

此四柱的组合方式和李嘉诚相同，也是身弱用印比，月支未土财库起好作用，亿万富翁。

乾造：**乙卯　丙戌　庚戌　癸未**　山东周某某

本四柱日干无帮扶力量，从弱。时支未土财库扶日支起好作用，富命。现在资产已有几千万。月支戌土为官库也起好作用，还是个官命。将来会有官职的。

二、官库起好作用官命

乾造：**丙戌　丙申　乙丑　戊寅**　克林顿

日干乙木生于官杀月弱，生扶日干的力量不成体系，日干从弱。月干丙火为官职，月支申金为权力。天生是个官命。日支丑土为官库生申耗乙起好作用大官命。年支戌土为伤食库扶丙火也起好作用，命主不仅官职大，还是公认的才子，演讲艺术登峰造极。其潇洒风流更是举世闻名。

乾造：**壬寅　丁未　己卯　乙亥**　民国时期外交总长、代国务总理伍廷芳

己土日干生于未月旺，但月令未土两次受伤。使月令受伤的两个字都不帮扶日干，日干弱。月干丁火为用神为第一事业能人命。未土为日干的官库，扶丁火月干起好作用，命主大官命。

乾造：**己未　庚午　戊戌　壬子**　民国海军总司令程璧光

戊土日干生于午火月旺，但年支扶年干，年干生月干为克制日干为成体系；时支子水扶时干壬水克制日干也为成体系。日干旺用财官伤。月干庚金为命主的第一事业为用神逢生能人命。年支未土为日干戊土的官库，扶年干起好作用，命主大官命。

乾造：**辛酉　庚子　丙辰　己丑**　民国总理唐绍仪

丙日干生于子月弱，命局一片克制，日干从弱。时干己土为用神为第一事业能人命。日支辰土为命主官库晦日干起好作用，大官命。

乾造：**丁卯　甲辰　丙子　丙申**　民国总理孙宝琦

丙日干生于辰月弱，年支扶月干成体系，日干弱用印比。月干甲木为第一事业为用神能人命。辰土为官库起好作用大官命。

三、伤食库起好作用有艺术才华

乾造：**乙亥　己卯　辛亥　壬辰**　台湾文化名人李敖

生扶日干辛金的力量不成体系，日干从弱。伤官库辰土扶伤官起了好作用，才华横溢。

坤造：**壬辰　癸丑　庚辰**　台湾演邓丽君　时辰不详

邓丽君的四柱无论生于什么时辰也是身旺格。伤食库辰土扶壬水和丑土起好作用艺术家命造，其甜美歌喉征服了无数的人。

乾造：**壬子　丁未　癸卯　甲寅**　书法家启功

年干支不能生扶日干，日干从弱。月支未土是伤食库，书法艺术出神入化，其启体字书法受到人们的广泛喜爱。

乾造：**甲午　丁丑　戊寅　癸丑**　演员张国立

戊土生于丑月弱，年支午火扶月干丁火生日干成体系，日干不从弱。月支丑土为食伤库，丑土越旺事业越大起了好作用，艺术家命。

乾造：**壬子　壬寅　辛酉　壬辰**　作曲家聂耳

辛日干生于寅月弱百分之五十，月干壬水泄日干，日干肯定弱。但日支酉金逢时支生扶再扶日干，日干不从弱。身弱用印比。时支辰土为伤官库，生日支酉金起好作用，命主具有惊人的艺术天赋。23岁写出的《义勇军进行曲》曲子成为新中国的国歌。假如我们给人选剖腹产四柱，主人想生一个艺术家命的孩子，那你不妨为他选择一个伤食库起好作用伤食又透出的四柱。

第四节　正常六亲和百神六亲在一字的吉凶之应

正常六亲和百神六亲在一个字时，这两个六亲的关系肯定不好。预测父母关系特准！这两个六亲在一个字上，坐下地支一个正断一个反断。两个人的关系自然犯拧，别扭！

①浙江宁波刘某：**丙辰　庚寅　辛丑　戊子**　乾造

辛金日干生于寅月弱，年支扶月干来帮日干成体系，日干不从弱。时干戊土正印为母，同时也是父亲。这个字的坐下地支测母亲时正断，测父亲时反断。这种命局原象显示的就是现实生活中父母关系犯拧。肯定感情不睦。

国英断：父母关系不好，离婚了。

答：从我记事起就他们就吵架，一直吵。实在没办法了。2002 年分居了。2004 年秋天办离婚手续。

②美国格林斯潘：**丙寅　辛卯　甲午　癸酉**　乾造

甲日干生于卯月旺，时干癸水生身，日干旺无疑。但日支午火得卯木生为成体系，日干不从强。身旺用午火。时干癸水为母亲，同时也为父亲。坐下酉金测父亲时反断，测母亲时正断，父母关系肯定不好。命主 4 岁时父母离婚。

③吉林于某：**辛酉　乙未　辛亥　癸巳**　乾造

辛金生于未月弱，年干支远隔无法帮身，日干从弱。月干偏财既是父亲也是母亲。

国英断：父母关系很不好。

答：父母从结婚到现在一直吵闹，家里经常吵得天昏地暗。父亲大酒鬼，亲戚都劝母亲与父亲离婚。

④青岛王某：**戊午　壬戌　丁卯　庚子**　坤造

丁日干生于戌月不旺不弱。卯木得子水生扶再生丁火有力，日干旺。时干庚金既是母亲也是父亲，父母关系肯定不好。

国英断：父母关系很不好。答：1993 年就离婚了。

⑤**戊申　丁巳　戊子　戊午**　乾造

此造月干丁火为母亲，也是妻子，婆媳关系极端不好，婆婆“象疯一样欺负妻子，整天骂，要赶媳妇出门”。

第五节　伤食为忌主有艺术才华并漂亮

伤官食神为忌主有艺术才华，女命更明显。伤食透出不管喜忌如何，命主一般都漂亮。

己酉　丙寅　丙寅　己亥　演员许晴

丙生寅月旺，克制日干的不成体系，日干从强。年干伤官和时干伤官都为忌。

壬子　壬寅　辛酉　壬辰　聂耳

身弱的四柱。年月时伤官都为忌。

甲午　甲戌　癸亥　辛酉　林青霞

身弱用印比。年月伤官为忌。

丙寅　癸巳　辛酉　壬辰　梦露

辛金生于巳火月弱，寅木再生巳火，日干肯定弱。日支酉金扶身成体系，身弱用印比。时上伤官为忌。

戊申　乙酉　壬午　戊申　藏族演员洛桑

身旺，月干乙木伤官为忌，有着惊人艺术天才。丁亥运乙亥年乙酉月丙寅日，大运流年两亥制午火用神，车祸身亡。

戊午　癸亥　庚辰　癸未　坤造　山东王某

本四柱日支辰土生扶日干庚金成体系，身弱用印比。月干伤官为忌神。命主非常漂亮，艺术类毕业的大学生。

乾造：**壬寅　庚戌　戊申　壬戌**

戊土日干从强。月干庚金食神为忌神。命主为国英的一名弟子。很有艺术才华，唱歌专业水平，拿过来就会唱。而且口才极佳，说话非常富有吸引力。人也帅气。这样的四柱组合搞预测是最好的。

第六节　女命伤食为百神丈夫婚不吉

女命伤官食神为百神丈夫，婚姻不顺。此条如能结合本书《纳音大揭密》一章有关合婚的条件一起使用简直是极准。

伤食为百神丈夫的婚不吉，此时的伤食不分喜忌。

甲午　癸酉　辛未　壬辰　辛酉年和丁卯年各离一次，现在还单身。

乙巳　己卯　辛未　壬辰　甲戌年离婚。

丁亥　壬寅　辛酉　戊戌　吵闹半生，己卯年离婚。

癸卯　甲子　癸巳　丙辰　丁丑年离婚。

壬寅　癸丑　辛酉　壬辰　一直未婚。

庚戌　丁亥　甲寅　庚午　乙酉年离婚。

丁巳　己酉　丁丑　己酉　癸未年离婚。

丁未　壬寅　辛酉　丁酉　已经第三次结婚。

庚戌　丙戌　甲申　甲戌　癸未年离婚。

壬子　癸丑　辛酉　丁酉　庚辰年离婚。

第七节　时支空亡子女不全

无论男命女命，时支空亡时一般只能生男或只能生女，不会只生男又生女。到底生男还是生女呢？以命主的日柱来定。日柱和空亡的时柱为同性时，男不生男，女不生女，即男命不生男孩，女命不生女孩；日柱和空亡的时柱为异性时，男不生女，女不生男，即男命不生女孩，女命不生男孩。空什么就缺什么。

如：男命，**己未　己巳　丁亥　丙午**　（午未空）乾造

此男命时支午空亡，时柱与日柱异性，一生只生男孩。

庚戌　戊寅　甲子　乙亥　（戌亥空）坤造

此女时支空，时柱与日柱为异性，此女只能生女孩，不能生男孩。

第七章　纳音大揭密

第一节　纳音命的本质

纳音命到底是什么？在预测中到底有什么作用？一直没有一个科学、规范的说法。本章之所以称作《纳音大揭密》，就是要科学、客观并力求规范地回答这个问题！所谓科学，就是要真正揭示纳音命的本质特征；所谓客观，就是有多少成果说多少成果，实事求是地予以说明；所谓规范，就是从技术操作的角度来展开，以便让大家学了就会用。换句话说，有关纳音命的科学理论和技术将从这里走向全国走向世界！本书将首次从技术上揭开蒙在纳音理论身上的神秘面纱，把纳音命的本来面目，也就是纳音在四柱预测中的重要作用真实地展示在易友面前，以让易友们也能同时享受它的神奇。纳音命的理论以及由此衍生的预测技术不仅有非常深刻的内涵，而且是四柱预测技术体系的不可或缺的内容之一。有了它，四柱或命运的预测才会更全面更具体更准确。同时，它更是为人趋吉避凶改造后天命运的最重要手段之一。可惜，这些宝贵的东西过去并没有被人们所认识。

纳音命到底是什么意思呢？从根本上说它是阴阳五行体系的另一种表现形式，是和正五行（甲乙木丙丁火之类为正五行）并列的五行形式。正五行和纳音五行各自承载着阴阳五行内涵的不同侧面。它们在四柱预测中互相补充，两者结合起来才构成了四柱预测的完整技术体系。忽略它甚至否定它是错误的。

掌握了纳音命的本质和技术，就得到了一样最实用最简单且又相当准确的实战本领。国英现在只要为人预测四柱，就一定结合纳音技术断命，特别是断人的性格和人生总体评价方面都是百发百中。被测者大都听的目瞪口呆，好多人都以为我会面相。其实就是用纳音命。

顺便说一声，本书揭示的是纳音五行在预测中的作用。所以也只从预测技术角度解释运用纳音。至于纳音和音律的关系以及类似《三命通会》上那些所谓云山雾罩的纳音理论，不是本书研究的内容。对那些东西有兴趣的读者可另找资料研究。

第二节　纳音命的内容

简单地说，纳音命就是指每一个流年除了那个流年的干支所代表的五行外，还有另外一个干支共同代表的五行，这个五行就是纳音五行。此流年的干支合在一起来表示这个纳音五行。如甲子年为海中金年，其中的正五行是甲为木，子为水，而甲子合在一起为海中金，或简称为金命。在这一年出生的人都为海中金命。所以纳音五行在运用到每个人身上时就称为纳音命。

下表中的序数和六十花甲子表一样，是二十世纪中公元年份的数字，与序数在一格的干支为此年的干支。如甲子为 1984，即 1984 年为甲子年；乙丑为 1985，即 1985 年为乙丑年；甲子乙丑下边的海中金就为这两年的纳音命。 其它依此类推。

非常科学的是，纳音命每两年为一个，如甲子乙丑两年都为海中金命。一个纳音五行年命代表的两年肯定是一个阳年一个阴年。这为展示纳音五行所反映的阴阳生克等技术提供了更深刻的内涵和更丰富的内容。纳音五行仅用于自然年。所谓流月流日并不适用纳音五行的理论。

六十纳音表

甲子 1984	乙丑 1985	丙寅 1986	丁卯 1987	戊辰 1988	己巳 1989	庚午 1990	辛未 1991	壬申 1992	癸酉 1993
海中金		炉中火		大林木		路旁土		剑锋金	
甲戌 1934	乙亥 1935	丙子 1936	丁丑 1937	戊寅 1938	己卯 1939	庚辰 1940	辛巳 1941	壬午 1942	癸未 1943
山头火		涧下水		城墙土		白蜡金		杨柳木	
甲申 1944	乙酉 1945	丙戌 1946	丁亥 1947	戊子 1948	己丑 1949	庚寅 1950	辛卯 1951	壬辰 1952	癸巳 1953
泉中水		屋上土		霹雳火		松柏木		长流水	
甲午 1954	乙未 1955	丙申 1956	丁酉 1957	戊戌 1958	己亥 1959	庚子 1960	辛丑 1961	壬寅 1962	癸卯 1963
沙中金		山下火		平地木		壁上土		金箔金	
甲辰 1964	乙巳 1965	丙午 1966	丁未 1967	戊申 1968	己酉 1969	庚戌 1970	辛亥 1971	壬子 1972	癸丑 1973
佛灯火		天河水		大驿土		钗钏金		桑柘木	
甲寅 1974	乙卯 1975	丙辰 1976	丁巳 1977	戊午 1978	己未 1979	庚申 1980	辛酉 1981	壬戌 1982	癸亥 1983
大溪水		沙中土		天上火		石榴木		大海水	

第三节　纳音五行的作用特点

五行就是金木水火土五种自然力量或物质，所以简单地说纳音五行就是五种。按古人规定一个五行又分成六种不同称谓的纳音命，这样就构成了三十种纳音命。再按阴阳分开，则会有六十种不同的纳音命。纳音五行在决定和影响人的命运上起着非常重要的作用，它和正五行一起决定和构成了某个人以及与此相关人员的命运。

纳音五行也以生克为基本的作用形式。除了生克以外，还有帮扶、泄、耗三种作用形式。但是和正五行不同，纳音五行之生不是简单地让被生者增力，而是让被生者得到好处、受到益处的意思。如金生水，金为主生者，水为被生者，作用结果是水一方得到益处。克是制约、管束之意。其特点是强制性。就是主克者作用被克者的关系。作用结果是在主克者的压力下，被克者被迫遵守某些不喜欢的东西。同命之间的帮扶不是被帮扶者增力，而是帮扶者之间互相的排斥。所以，同命在一起为争命，双方争斗不止。耗和泄力度极小，一般可不予考虑。只有耗泄某五行的力量数量较多时才考虑，如家中有两个以上水命亲属泄一个金命亲属等。

纳音五行和正五行一样重要，二者对人的命运都起着重要的影响，同时又各有侧重。正五行的作用侧重于单个人的命运，纳音五行的作用则在人与人之间的关系相处结果上表现得更加明显。

纳音五行在预测实践中有如下几个方面的作用：一是对个人的命运有重要的影响；二是对人与人之间关系的吉凶起着极其重大乃至决定性的影响。这在婚姻家庭的组合、孩子成长的环境、组织成员的搭配、老板用人的选择乃至政府领导班子的配备等方面都具有重要的实践意义。

总的原则就是：

婚姻家庭看组合；

孩子成长在环境；

老板用人必选择；

班子组合要科学。

说法不同，本质都是一样：组合！上边所说的类型只是一种大概的说法。其实只要两个以上的人发生关系也就是形成组合时，这个纳音五行对组合的结果都在起着决定性作用。组合的不同决定了关系发展的状态和结果。纳音命在吉凶定性定量上有着更重要的意义。如四柱中看某人婚姻不吉，但拿不准是否离婚。如能结合纳音命这个问题就可以果断地结论了。

第四节 婚姻家庭看组合

婚姻就像鞋子，是不是合适，只有穿鞋的人才知道。此为许多人对婚姻的看法。现实中这样的例子太多了：别人都认为某靓女和某帅男是天生的一对：郎才女貌，门当户对，实在让人羡慕。可不知为什么，偏偏他们就离婚了，让人遗憾透了；另一类情况则是别人都认为某女和某男极不般配，不是男的岁数很大，女的又太漂亮，就是男的很帅，女的长相却有些对不起丈夫。亲朋好友大都认为他们很难过长。可他们却你疼我爱，如鱼得水，感情好得让人嫉妒。这里边是否还有更深刻的内涵没有被人认识呢？古人一直在找答案：问世间，情为何物，直教生死相许！这些情况用普通的思维方式肯定解释不通，但是如果用命理学的理论看这都是很正常的现象：姻缘的本质、感情的本质不是俗人认为的帅男靓女之类放到一起就行了。每对男女由于所秉承的阴阳五行之气不同必然产生相互生扶吸纳或者冲克排斥作用。生扶吸纳者感情深厚，白头到老；冲克排斥者你仇我怨，生离死别。通俗的说，姻缘的内涵就是五行之气间的相互吸纳和助益。五行的规律就是这么厉害，它看不见摸不着，却实实在在地支配着人们的感情和关系。用四柱结合纳音命的技术断婚姻，就像到医院作个 CT 一样，既简单又准确，准的惊人。一对男女究竟是否有缘，能不能长久，现在只要把他们的四柱拿到国英及助手面前，用纳音和四柱的技术一套，保证没跑。

在男女双方互有感情的前提下，从纳音五行角度讲，为双方合婚的原则是：

(1) 男命克女命

克我者为官。古戏词中称丈夫为“官人”是很科学的。男命克女命是正克。这个克并非老百姓说的克妻克夫之“克”，而是因为爱情的作用，男命成为女命的依靠、依归的意思。我克者为财，妻子为“财”。此“财”也并非物质意义的财富，而是因为爱情去保护、呵护妻子的意思。一方因为爱而使自己的感情有了依归，一方因为爱而去自觉地爱护另一方，自然感情和谐，白头到老。如女的为金命，男的为火命，这样的婚姻组合就得了五十分。有些四柱，看着婚姻很不好，却没有离婚；看着很好，却离了婚。深层原因就在纳音命的搭配上。所以看婚姻一定要把四柱和纳音命结合起来看。

男命：己酉　乙亥　乙卯　丁亥

女命：丙午　庚寅　辛酉　丁酉

以上四柱为一对夫妻。男命为大驿土,女命天河水，男命克女命。女命年龄大且文凭也不高。男命为官又帅气。结婚 17 年来, 他们伉俪情深,夫唱妇随,从没吵闹过一次。

这样的组合除四柱中婚姻感情运极差的以外，中途很少有离婚的。

(2) 男女命相生。如男命为水，女命为木或者反过来

夫妻关系中无论谁生谁都是被生者受益，主生者累。一般说来，相生的夫妻关系都比较融洽。但值得注意的是，时间长了，有些被生者往往感觉不到或不重视这份“生”。而且还因为“被生”，在主生者面前脾气日渐变坏。所谓身在福中不知福！但他（她）的生活中一旦离开了主生者（无论是永久还是暂时离开)，马上就能体会到他（她）的重要性。

(3)符合男阳女阴的客观规律

男为阳，女为阴是天定属性。这个属性反映到人类的婚姻生活中，就表现为男命阳刚女命阴柔以及由此而产生的各种男女特性等生活规律。如果违背了这个规律则易出毛病。如男的年命为庚辰为金命，女的年命为癸未为木命，而且男年命为阳，女年命为阴。这样的组合就是四柱中显示的婚姻信息很不吉也未必离婚。如果男命庚辰，女命壬午，虽然也是男命克女命，就不

如前面的组合，因为女命为阳，违背了阴阳规律。一般说来，生在阳年的女命个性都比较要强,有事业心。

(4) 女年命不能克男年命

女克男就违背了丈夫为“官”妻子为“财”的规律。这样的组合除非男命很“听话”，从不造反，否则和谐的极少。从预测实践看，甲辰乙巳佛灯火是慈火，对壬寅癸卯金箔金的克性极小，所以女命虽然佛灯火，和男命金箔金的家庭组合出事的极少。其它则不行。

男命：**戊戌　辛酉　戊申　丙辰**

女命：**癸卯　甲寅　甲申　己巳**

男命平地木，女命金箔金，女命克男命不吉。男命与此女结婚已是第二次婚姻，感情仍然难以和谐，过了七八年后再离婚。

(5) 同命人不宜结为夫妇

同命为争命，本质上是互相排斥。所以不宜结为夫妻。同命人的婚姻一般都不和谐，大都是不离婚就吵闹一辈子。具体表现在生活中就是夫妻二人没有共同语言，对问题的看法大都相左。

以上所列的合婚原则，是经预测实践反复验证的科学结论。所谓科学一是指预测婚姻吉凶准确，二是指导婚姻正确。包括国英在内，过去大家总结了许多合婚办法，但运用的效果都不理想。用以上原则合婚，可以说是最科学也是最好操作的。当然，在为人预测婚姻时，则必须把纳音和四柱结合在一起看才会准确，因为四柱和纳音从不同的角度决定了人们的命运。二者结合预测婚姻的原则是：

①四柱和纳音都吉肯定吉。

②一方面吉，婚不好不一定离；

③都不好肯定离婚。

坤造：**丙辰　戊戌　乙未　壬午**

1997 年 4 月进入乙未大运。

命主春节后不久找国英预测。本命为从弱格。戊土为感情基础弱了吉，局中戊土旺极为凶，感情易出问题。现在行乙未大运，丙戌流年，戊土很旺，必有感情风波。但尽管这样，可以大胆断发生感情矛盾，但却难以断出到底离婚与否。这就取决于纳音命组合了。如果夫妻的纳音命组合合乎和谐的原则，那还离不了。只能是有风波，明年感情还会好转。但此命丈夫生于乙卯年，纳音属水。妻子纳音命土克制丈夫纳音水属于最不吉的婚姻组合。国英断：此婚必离！实际夫妻结婚就不好，求测时正准备离婚。这次来找国英主要就是为预测婚姻来的。

第五节　夫妻年命对孩子素质的影响

世界上任何一个家长都希望自己的孩子能够健康成长。这个健康并非单纯是生理意义的健康，而应该是身体和人格都健康！达到这个目标的前提是从小就给孩子提供一个科学的成长环境：这个环境就是父母对孩子真心的疼爱和正常管理。就像小树小苗一样，既要浇水施肥除草又要及时剪除一些没用的枝枝杈杈。在这样的环境下长大的孩子身体才能健康，人格才能健全。从纳音五行角度讲，所谓疼爱就是纳音命的相生。自己是金命，父母有一方是土命就是生自己，疼爱自己。这个疼爱不能理解为父母对孩子那种简单的爱。现实中，哪个父母不爱孩子呢？这个疼爱是保证孩子能在人格上健康成长的环境。所谓管理就是父母中有一方的年命来克自己。如自己为金，父母一方为火等等。所以我们可以结论说，父母纳音命和孩子纳音命的关系就是孩子成长的环境。当然，如果和孩子在一起生活的还有其它成员，那他们的纳音命也是组成环境的要素之一。有生有克的环境就是健康的环境或叫和谐的环境。如果父母的年命都生孩子的年命，这就叫有生无克。孩子肯定从小就不听话，大了后也大都任性。如果父母的年命都克孩子的年命，则孩子从小就会胆小，逐渐变得不正常的老实。少言寡语，不爱说话。活泼不足，沉默有余。这两种情况的本质都是人格不健全。如果父母中没有以上意义的年命，在一起生活的亲属有此年命也能起一定作用。只是因为没有父母和孩子的关系那么亲密，结果不如父母影响孩子那么明显而已。

在计划生育的国策下，我国大陆一对夫妇一般都是生育一个孩子。父母年命对孩子影响的表现就更加突出。因为过去兄弟姊妹多，姊妹之间的纳音命五行、姊妹和父母之间的纳音命五行也在互相发生着影响，他们之间有的就起了所谓的通关作用。如父母是金命，自己是水命，弟弟是木命，父母年命与自己年命金水相生，自己年命与弟弟年命水木相生，父母年命对弟弟的“克”性就自然会减轻。在现实生活中就是：弟弟年命受父母年命之克，弟弟平时本来应该是寡言少语，性格沉郁，经常有压抑感等等，但因为有水命姊妹在中间的通关缓冲，弟弟这种性格特征已经不明显了，甚至代之以开朗活泼等等。

河北林某某生于1963癸卯年为金箔金命，妻子生于1968戊申年为大驿土命，女儿生于1996年为涧下水命。

国英对其三口之家的总体评断：家庭和谐，妻子辛苦，很善良，但个性倔强。孩子比较省心，学习较自觉。反馈完全正确。

解：家庭和谐，妻子辛苦：妻子年命生丈夫年命为好组合，夫妻感情好；丈夫年命受妻子生女儿泄，环境和谐；妻子年命生丈夫克女儿年命，无一点生扶，自然辛苦。妻子为女命生于阳年，个性自然强。

孩子比较省心，学习也不错：这是因为孩子生活在有生有克的环境中，既有疼爱又教育得当，孩子自然听话，学习自觉。

父母纳音命相同时对子女影响的具体表现（以一家一个子女为例说明）

1. 父母双方纳音命都是孩子纳音命之印，即父母年命为金，子女年命为水之类的家庭组合。这类家庭组合的子女一般都娇生惯养，自立能力差。离开父母什么都干不了。

淄博刘某某夫妻两个都生于1959己亥年，女儿生于1986丙寅年。夫妻为平地木命，女儿为炉中火命，女儿有生无克。

断：孩子是夫妻的包袱，从小娇生惯养，很任性。学习一般，自立能力差。反馈完全准确。

2. 父母双方年命都为孩子年命之财，就是父母年命为金，子女年命为火之类的家庭组合。此组合下子女不受制约，一般都不听话，自行其是。

山东博兴陈某夫妻，夫乙未年 8 月生，妻乙未年 4 月生。孩子 1979 年己未年生。夫妻均为沙中金命，孩子为天上火命。

断：家庭不合谐，夫妻吵闹不断，孩子很不听话。反馈极对。

父母纳音命都受孩子的克制，孩子没有管束，自然不听话了。夫妻纳音命相同，自然争吵多。

3. 父母双方年命都为孩子年命之官，即父母为金，孩子年命为木之类的组合。此组合下孩子一般都没有个性，从小就胆小。老实本份，过分听话。如果孩子再出生在纳音命的官杀月份，身体肯定不好，严重的还有性命之忧。

乾造：**己未　乙亥　辛巳　丁酉**　山东淄博刘某

本四柱从弱，日支巳火为用神为身体，月支亥水不停顿的冲克巳火，很容易得肾、泌尿类疾病。

壬申运，乙酉年，申酉齐生亥，申绊巳，酉耗巳，命主得尿毒症。

再从纳音命分析：命主父母都是 1953 癸巳年生人，纳音命为长流水。命主的年命是天上火，被父母纳音命克。同时，命主又生在亥水旺之月，行壬申运，逢乙酉泉中水之年，一片旺水直克命主，所以得尿毒症。

2005 年秋为青岛梁老板预测：

梁：请看看儿子情况！

断：孩子哪年出生？

答：1968 年，属猴的。

(孩子父母都是 1942 壬午年出生，木命。孩子戊申年为土命。)

问：家中还有什么人，哪年出生？

答：大女儿1963年出生，小女儿1973年出生；儿媳妇1973年出生，孙子2002年出生。

结合四柱断：儿子很不顺，一生事业难成。从2002年开始很不顺。特别是2004年要出官非。

答：天！你说的太对了。儿子2004年被判刑两年六个月。

为什么如此断呢？纳音命预测依据是：全家七口人，大女儿为金命，已经出嫁。其他都是木命，唯有儿子是土命。儿子这个土在“森林”的环境里生活，肯定受制太重。结合四柱儿子2004年易出官非，所以断2004年出官非。

4. 父母双方年命都为孩子年命之比劫，就是父母和孩子年命相同。此组合下家庭成员之间争吵比较多，孩子不听话。

乾造：**丙午　癸巳　乙亥　戊寅**

坤造：**丁未　戊申　乙丑　庚辰**

以上两造为辽宁的一对夫妻，都是天河水命。

断：夫妻感情不和谐，总吵闹。

答：是的，还能好吗？

问：孩子哪年的。

答：1996年的。属鼠的。涧下水命。

断：孩子也是水命，你们吵闹的情况也很难改变了。孩子虽然年龄小，脾气也是怪怪的。有时也和你们吵闹，任性，学习一般。

答：是啊。那怎么办才能改过来啊。

5. 父母双方年命都为孩子年命之食伤，即父母年命为金，孩子年命为土之类的家庭组合。此类组合下的孩子责任感特强，学习生活都是自觉加压力，永远没有满足，每时每刻都在尽责任。特孝顺父母。有些孩子身体不好。

坤造：**庚午　壬午　癸亥　甲辰**　济南刘某

父母分别生于1963年2月和10月，都是金箔金命

孩子和父母年命是一土生两金

断：孩子很要强（女命生在阳年又生在土旺月份）。

答：就是啊。从小就是，干什么都不能在后面，比别的孩子差一点她就受不了。

断：学习很自觉，从不用大人操心。她总是不自觉地加担子，加责任。

答：对对。看着她天天都那么大压力，好心疼。我们从不督促她学习，还经常劝她玩一会。她的学习成绩在全区 5000 名学生中排 300 名左右。也不错了，可她总是不满足。

断：很知道关心父母，是从心里牵挂。

答：一点不错。该挂的挂，不该挂的也挂。她爸爸晚回来一会，也要下楼去看。爸爸妈妈自己在家，她总是担心我们摔着碰着。

坤造：**丙寅　己亥　癸亥　癸丑**

父母分别出生于辛丑年 5 月和 10 月 壁上土命

孩子和父母年命是一火生两土

断：孩子自尊心很强，学习自觉，就是不睡觉也得完成作业。

答：对对！从小就这样。我们从来没为她的学习操过心。邻居天天为学习和孩子吵，我一直纳闷邻居孩子怎么会那样呢！

断：特关心父母，大小事都关心。

答：没有她不管的事。现在在外边上大学，几乎每天要给我们打电话，问这问那，连家里的面条还有多少该不该买都问问。

应该注意的是，以上只是就纳音命对人的基本影响做了论述。实际上，尽管是相同的五行，由于具体的纳音命不同，对人命运的影响也是不同的，有时出入还是相当大的。比如佛灯火是慈火。它克金泄木生土的力量都很小。如果父母都为佛灯火命，子女为大林木时，则佛灯火难泄此类木气。所以此类组合的子女则很少有要强的个性。而同是火命的炉中火则是火势熊熊，克金泄木生土的结果非常明显。

由以上组合还可以看出，父母纳音命相同，不仅对自己的婚姻不利，也对后代不利。孩子无论出生在哪个年份，和父母纳音命的关系都不和谐，不是克的过分，泄的过分，就是生的过头，帮的过头。这对孩子的成长乃至整个命运都不利。所以，优生优育前提是父母的婚姻组合要优。

掌握了父母年命对子女性格乃至命运的影响，就可以在现实生活中轻松的运用它，从而达到掌握命运改善命运的目的。

现在一般家庭都生一个孩子，家庭成员之间年命通关及缓冲的可能性很小。孩子一旦出生，家庭成员的纳音命其组合就成定局了。所以怀孕之前一定要预测好，为孩子选择一个有生有克的健康年命环境，坚决避开不利的年命环境。

什么样的组合好呢？总的说有生有克的环境最好！生就是疼爱、给予；克就是管理，抑制。一个孩子没有疼爱没有父母无微不至的关怀自然不可想象；同时没有正常的管理也容易出现偏差。本着这个原则为未来的宝宝选择出生年份就可以。具体标准见家庭组合列表。

本技术主要用途：

第一，辅助预测孩子性格乃至命运；

第二，预测孩子和父母关系以及未来孝顺程度；

第三，为新婚夫妇选择最佳生育年份月份。

第四，为未出生的宝贝选择生辰四柱。

在一起生活亲人的纳音五行是孩子成长的环境，同时孩子的年命也对亲人的关系起着损益作用。比如，父母双方纳音为女克男，这类组合的婚姻最不好。如父亲为金命，母亲为火命。但是生一个土命的孩子就会变成火生土土生金的组合，这样孩子实际成了所谓的“通关”用神。在父母关系和谐方面起着极大的作用。所以为孩子选择出生年份时也要兼顾夫妻关系。

以一个子女为例列表说明家庭和谐与否的实际组合：

1. 和谐的家庭组合	男金女木子女水 男木女土子女火 男水女火子女木 男火女金子女土 男土女水子女金	这类家庭一般以男命为中心。
2. 和谐的家庭组合	男金女水子女土 男木女火子女水 男水女木子女金 男火女土子女木 男土女金子女火	这类家庭一般以男命为中心，男对妻子关心。
3. 和谐的家庭组合	男金女土子女火 男木女水子女金 男水女金子女土 男火女木子女水 男土女火子女木	这类家庭一般以妻子为中心，妻子对丈夫特关心。
4. 和谐的家庭组合	男金女火子女土 男木女金子女水 男水女土子女金 男火女水子女木 男土女木子女火	这类家庭一般以妻子为中心，妻子比较辛苦。孩子为维护夫妻感情起了较大作用。
5. 比较和谐的家庭组合	男金女金子女水 男火女火子女土 男木女木子女火 男水女水子女木 男土女土子女金	这类家庭的子女一般娇惯，独立能力较差；夫妻争吵多。

6. 不和谐的家庭组合	男金女金子女土 男木女木子女水 男土女土子女火 男水女水子女金 男火女火子女木	这类家庭子女辛苦，懂事早，责任感强，孝敬父母；夫妻争吵多。
7. 不和谐的家庭组合	男金女金子女火 男木女木子女金 男水女水子女土 男火女火子女水 男土女土子女木	这类家庭的最大特点就是子女不听话，家庭会有风波。
8. 不和谐的家庭组合	男金女金子女木 男木女木子女土 男水女水子女火 男火女火子女金 男土女土子女水	这类家庭的子女一般从小过分的老实听话，夫妻感情会有波折。
9. 比较和谐的家庭组合	男金女水子女金 男木女火子女木 男水女木子女水 男火女土子女火 男土女金子女土	这类家庭大都是妻子得福，丈夫辛苦。
10. 不和谐的家庭组合	男金女土子女金 男木女水子女木 男火女木子女火 男水女金子女水 男土女火子女土	这类家庭一般妻子辛苦，管事多。

11. 不和谐的家庭组合	男金女火子女金 男木女金子女木 男水女土子女水 男火女水子女火 男土女木子女木	这类家庭女命一般脾气不好。夫妻感情易有波折。
12. 不和谐的家庭组合	男金女金子女金 男木女木子女木 男水女水子女水 男火女火子女火 男土女土子女土	这类家庭的最大的特点就是内部吵闹不断，但对外一致。
13. 比较和谐的家庭组合	男金女土子女土 男木女水子女水 男火女木子女木 男水女金子女金 男土女火子女火	这类家庭丈夫得福，妻子辛苦。
14. 不和谐的家庭组合	男金女火子女火 男木女金子女金 男水女土子女土 男火女水子女水 男土女木子女木	这类家庭丈夫受制严重，很累。易有家庭风波。
15. 比较和谐的家庭组合	男金女水子女水 男木女火子女火 男水女木子女木 男火女土子女土 男土女金子女金	这类家庭的丈夫太辛苦。

16. 不和谐的家庭组合	男金女木子女木 男木女土子女土 男水女火子女火 男火女金子女金 男土女水子女水	这类家庭丈夫绝对说了算，主观任性，辛苦。
17. 比较和谐的家庭组合	男金女木子女金 男木女土子女木 男水女火子女水 男火女金子女火 男土女水子女土	这类家庭夫妻感情和谐，但妻子身体往往较弱，并易产生疾病。
18. 比较和谐的家庭组合	男水女金子女木 男木女水子女火 男火女木子女土 男金女土子女水 男土女火子女金	这类家庭子女比较省心，妻子辛苦。
19. 比较和谐的家庭组合	男火女木子女金 男木女水子女土 男金女土子女木 男水女金子女火 男土女火子女水	这类家庭也是子女省心，妻子辛苦。
20. 比较和谐的家庭组合	男金女水子女木 男木女火子女土 男水女木子女火 男火女土子女金 男土女金子女水	这类家庭的子女省心，丈夫辛苦。

21. 比较和谐的家庭组合	男金女火子女水 男木女金子女火 男水女土子女木 男火女水子女土 男土女木子女金	这类家庭孩子为夫妻感情起了很好的作用，但孩子任性。
22. 不和谐的家庭组合	男金女火子女木 男木女金子女土 男水女土子女火 男火女水子女金 男土女木子女水	这类家庭男方身心疲惫，女方脾气不好，夫妻易出感情风波。
23. 比较和谐的家庭组合	男金女木子女火 男火女金子女水 男木女土子女金 男水女火子女土 男土女水子女木	这类家庭女方辛苦但关系稳定。
24. 比较和谐的家庭组合	男金女木子女土 男木女土子女水 男水女火子女金 男火女金子女木 男土女水子女火	这类家庭女方辛苦劳累。
25. 比较和谐的家庭组合	男金女水子女火 男木女火子女金 男水女木子女土 男火女土子女水 男土女金子女木	这类家庭女方不自觉地长脾气。

上述 125 种家庭组合是按现有一对夫妻只生一个孩子的模式考虑的。实际上，如果有两个孩子，或者还有老人，组合模式肯定就变了。总的原则就是只要在一起生活，每个人的纳音五行都会对在一起的生活成员产生影响。但是力度不同。父母之间、父母和孩子之间作用力最大。其它成员之间作用力量较小。

第六节　老板用人必选择

给老板预测，他们一般都会提出用什么人更合适或用某人合适与否的问题。企业用人的的确确有个如何用得顺手用得和谐乃至通过用人使利润最大化的问题。用人不当，致使企业利润减少甚至亏损破产的事也屡见不鲜。为老板选择能保证企业利润最大化的人员是预测师的天职之一。顺便说一句，预测师为老板选人是不考虑社会条件的，比如什么年龄什么文凭以及其它能力等等。这些是老板自己考虑的问题。预测师只为老板把关纳音命的内容。由此也可以看出，纳音命只是老板选人用人的必要条件之一，而不是充分条件。就像一辆汽车要有几个轮子，少了纳音这个轮子车绝对没法跑，但只有这一个轮子而没有那几个轮子也肯定不行。所以既不能把纳音命条件绝对化，也不能否定它的作用。比如同样是工程师，一个与老板处得很和谐，帮助老板赚了很多钱；另一个虽然也出了很大力，却仍然因为自己工作失误给老板带来很大经济损失。这些问题只能用我们的理论和技术才能解决。那么老板选才用人以什么为标准呢？具体怎么操作呢？本文将系统规范地回答这个问题。看了这篇文章，预测师们就可以既轻松自如又理直气壮地为任何老板选才用人把关了。

说起来很简单，纳音命的技术其实就是一层窗户纸，一捅就破。在能力条件具备的前提下，老板选才用人的原则是：

第一，以老板的纳音命为标准，主要工作任务如生产、经营和销售等类助手最好用被老板年命克的人担任，因为这些人的职责就是保证生产经营更好的运转，他们必须一丝不苟地执行老板的生产经营方针才行。所以，他们必须受老板“克”，也就是必须自觉地执行老板的经营意图并自觉服从老板管理。如，老板是金命，这些岗位就最好选择木命的人担任。其它年命依此类推。如果因种种原因，一时无法用被老板年命克制的人做副手，那就用生老板年命的人担任。

第二，老板综合助手比如办公室主任，财务科长以及小车司机等最好用生老板年命的人担任。如老板是金命，这些岗位最好选择土命的人来担任。这些人最本质的工作是备老板咨询、参谋之用以及为老板服务等，所以要主动的“生”老板。因为只有“生”老板才能主动地为老板着想，替老板想着一切事。如果一时没有生老板年命的合适人选，那就用被老板年命克制的人担任。

第三，如果老板的事业较大，需要的助手在五个以上时，也要考虑配备克泄老板年命的人员，以使老板的板子组合搭配平衡。

第四，以上三个方面只适用于老板的主要助手，并非所有给老板打工的人员都必须是某命。除了主要的助手外，一般的打工人员是不用纳音命选择的。他们只按社会条件就可以了，如年龄、文凭等。换句话说，就是预测师为老板选人其实就是选择主要助手，一般工作人员是用不着选择的。

第七节　纳音预测例题解

一、妻子年命生丈夫年命感情好

坤造：**庚申　己丑　壬子　壬寅**　网上预测四柱

命主于公历1990年7月19日13时交运

大运：**戊子　丁亥　丙戌　乙酉　甲申　癸未　壬午**

各位版主老师，我今年想和爱人干自己的事业，不知可不可以?

我不知道我爱人的出生时辰，只知道是阴历1979年7月19日。

断：1. 夫妻感情很好，妻子对丈夫体贴入微。虽然也会吵闹，但一生感情绝无大问题。（妻子年命木，丈夫年命火。木生火夫妻感情起码占百分之五十的吉。妻子四柱己土正官为用，坐丑土，婚姻信息好。妻子年命生丈夫，自然对丈夫体贴入微。这样把纳音和四柱结合起来就可以铁口直断夫妻感情没问题)。

2. 妻子有男孩性格，遇事有主见。人很善良，但个性强，有时让丈夫受不了。(妻子是女命，却生在阳年，肯定有男孩性格。木命主慈主善良。因为有个性，所以丈夫有时受不了。)

3. 丈夫为人大度，也很有能力。

4. 今年秋天可以干，明年效益不错。

答：1. 夫妻感情很好，妻子对丈夫体贴入微。虽然也会吵闹，但一生感情绝无大问题（感情得之不易，百年修得共枕眠，所以感情真的还可以）。

2. 妻子对丈夫体贴入微（正确！自己的爱人，哪能不心疼啊，哈哈）。虽然也会吵闹（时常为小事争执，但没有大问题），但一生感情没大问题。

3. 妻子有男孩性格，（确实像男孩，大大咧咧的）遇事有主见。（有时也拿不定主意）人很善良（心太软）。但个性强，有时让丈夫受不了（这点我也感受到了，应该改正）。

4. 丈夫为人大度（嗯，我爱人挺能忍让的，得饶人处且饶人），也很有能力（现在我还没感觉到啊，现在反正是给别人打工）。

5. 今年秋天可以干，明年效益不错（期待明年的结果）。

二、夫妻同命不和谐

乾造：壬子　甲辰　乙酉　戊寅　胜利油田王某某

大运：乙巳　丙午　丁未　戊申　己酉　庚戌

4岁　14岁　24岁　34岁　44岁　54岁

此四柱身弱，月干甲木时干戊土为用神。甲木为第一事业得年干壬水生甲木用神第一事业，命主是个能人。时干戊土为妻子，坐下寅木为感情基础。寅木越弱感情越好。男命戊土正财为妻坐下寅木正断的四柱大都婚姻有问题，很显然，所谓感情基础就是夫妻之间特有的感觉。土最怕木克，这就是天生的婚姻不顺的标志。此命28岁结婚，婚后和妻子感情就不好。几乎一直没有正常的夫妻生活。两个人谁也不管谁，你吃你的，我喝我的。有时几个月也说不了一句话。没有夫妻生活哪来的孩子？所以一直到2002年也没孩子。2003年两个人生了一个男孩，但感情并没改变，还是和和气气，不吵不闹，就是没有正常的生活。2006年就更是成了陌路之人了。

正在写本书时，命主来测，求国英给指条路。

国英问：妻子哪年生人？

答：1973年，属牛的。

国英断：你们不行了，今年肯定要分了，就在今年。妻子已经下了离婚的决心，并会主动提出离婚。

答：确实，她已经给我写信了，要求离婚。十几天后他们拿到了离婚证书。

此四柱中男的寅木为感情基础。丁未运，未土耗寅木力小为凶。2006年1月进入戊申运，丙戌流年，戊土脆申金，申金一点不制寅木，寅木旺起来，非离婚不可。从纳音命看，妻子年命和自己相同，这叫争命。年命相同并不是比和互帮，而是针尖对麦芒，什么都看不到一起去，是最不和谐的婚姻组合之一。所以这个婚姻难保的。另外，孩子也是木命，这叫一争到底，这类组合的家庭成员之间大都是争斗不止。王某的家庭组合正是如此。

三、孩子被父母年命克制太老实

坤造：**戊寅　戊午　甲寅　癸酉**　石家庄刘某

父亲生于1972年，母亲生于1973年。

断：命主胆小，太老实，平时说话做事往往不像一个孩子。父母说什么是什么，自己从不敢违扭父母。一句话，听话过头了。

父亲：就是就是。也不知怎么回事，这孩子老实的不正常。我从没打过孩子，她妈妈更舍不得。可为什么就这么听我们的话？平时她再喜欢那个东西，只要我们说让她放下，她就马上放下，硬是把自己的喜爱压到心里去。现在她才 8 岁啊！说起来就让人心疼。

断：孩子身体不好。很可能应在心脏上。

答：天，是啊。孩子是心肌炎啊。怎么看也不好啊。大师快给想个办法吧。

实际命主得心肌炎已经四年多，医治多次，总是没彻底好。

孩子纳音为城头土命，父母为桑柘木命。父母年命克制孩子年命。两木克一土，孩子肯定只能老老实实地接受木的“管理”，逆来顺受，木说什么就是什么。这类家庭属于典型的不和谐家庭。对孩子太不利。

再从四柱来看：日支为身体。命主日支为寅木，是个用神。左受午火泄，右受酉金克为两次受伤。再加上命主受父母年命克制，身体肯定不好。午火泄寅木力最大，就是午起的坏作用最大，所以得午方面的病——心脏病。

四、丈夫在家绝对“听话”

丈夫：**丙午　戊戌　丁未　庚子**

妻子：**戊申　壬戌　乙丑　己卯**

女儿：**甲戌　壬申　己巳　甲子**

从纳音看，丈夫为水命，妻子为土命。女命生在阳年，个性很强，四柱组合显示有能力，很有主见并有些任性。这属于不和谐的婚姻组合。但尽管不和谐也不一定都分手。还要结合四柱断。四柱组合好的话，虽然不和谐不一定离婚，但妻子年命克丈夫年命的信息肯定会在他们的生活中反映出来。

再从四柱看。丈夫戊土为第一事业是个用神，戊土又为伤食人很聪明。公职肯定为官。其实男命是某小公司经理。戊土旺虽然有权但不大。妻子四柱身弱用印比。月干壬水为第一事业为用神，能人一个。肯定也是当官的，并掌实权。实际妻子确实很要强，是某大公司财务处负责人。在家绝对一把手，家里的事丈夫是完全听妻子的。

断：妻子在家说了算，家里的事丈夫一般都依随妻子。

男命答：不依随她她不干，还能天天吵吗。

国英遇到好几例女命克男命的组合，没离婚，但都是女命说了算。男命简直绝对听从指挥。

此夫妻的女儿火命，被父亲的年命克，母亲的年命泄。

断：孩子很听话，有些老实得过分了。

答：就是太老实了，说话都慢声慢气的。怎么办啊？

五、被生者不自觉地长脾气

坤造：**庚戌　己卯　壬辰　甲辰**　济南李某

丈夫戊申年生人。

从纳音命分析：女命金命，生于阳年个性强。丈夫戊申年生人，土命。丈夫生妻子，同性相生力大，很是疼爱妻子。夫对妻是发自内心的好，所以什么都依随女方。这也使女方的脾气越来越大。命主求测婚姻如何。

断：丈夫对你很好，婚姻出现矛盾的责任在你这里。如果你回心转意，丈夫仍然很高兴。

答：确实是这样。他真讨厌，什么都管，烦死人了。

再从四柱看：壬水日干生于卯月弱，两个辰土一气扶身成体系。日干弱。月干己土为丈夫为忌神，卯木为感情基础。卯木旺了感情好。现在行乙亥运，亥水生卯木力大，夫妻虽然有风波。但不会离婚。实际夫妻几天后就和好了。

六、和谐之家都有个性

青岛杨某（女）来测女儿命运：女儿生于2001辛巳年申月；老公生于

1972壬子年申月；求测人自己生于1976丙辰年丑月。

断：你们家三口人生活地挺和谐，但三口人都很有个性。老公有能力，心眼好，但性格倔强；你尽管个性也很强，但无论什么事都得听老公的。孩子有些娇纵，任性。

答：天，你怎么看出来的，你是不是会看面相啊？

解：男命木命，生在阳年得位。女命土命生在阳年不得位，但正被男命克制，而且同性克制力大。这种组合决定了夫妻相处时丈夫肯定有脾气。丈夫可能在别人面前脾气很好，但在妻子面前总是趾高气扬，因为命里“克制”着妻子。而妻子本来个性很强的，可在丈夫面前却没了个性。打个不恰当的比喻，这就类似猫和老鼠的组合。老鼠再厉害，和猫在一起也变得胆小了。纳音命组合的绝妙之处就在于此。被克者无论多大脾气，和主克者组合到一起时也很难再有个性。

一家三口人，孩子是金命，被母亲的年命生，克父亲的年命，基本处于没有约束的环境下。生活在这样环境中的孩子自然娇纵，任性。

七、孩子为何胆小?

辽宁铁岭王某夫妻求测女儿：

坤造：**丙戌　辛卯　乙未　癸未**

交运：命主于公历2006年9月12日16时交运

大运：**庚寅　己丑　戊子　丁亥　丙戌　乙酉**

孩子父母均生于1980年，为石榴木命。孩子为屋上土命。

断：孩子胆小，对成长不利。身体不好，消化系统有毛病。

答：是啊是啊。孩子胆子特小，好像看什么都害怕。怪的是见了爸爸就哭。到医院看医生也看不出什么。最近又闹开肚子了。怎么办啊？

这个孩子的情况用四柱结合纳音断其实很简单：父母都是阳年生的木命，孩子是阳年生的土命。同性克力大，孩子又生在木旺之月，受克更重。

生存环境有克无生。哪里还敢有胆子？

再看四柱：乙木日干生于卯月旺，卯木一次受伤仍能决定日干旺衰的百分之五十。日干旺。日支未土为身体为用神。未进大运前以月柱为大运，卯木克制未土，身体不好。未土也为消化系统，孩子闹肚子。

八、儿子情况如何？

乾造：**甲子　甲戌　己卯　庚午**　江苏无锡邢某

交运：命主于公历1993年6月19日0时交运

大运：**乙亥　丙子　丁丑　戊寅　己卯　庚辰**

邢某父亲求测儿子情况：父亲生于1958年丑月，平地木命；母亲生于1957年未月，山下火命。

国英断：孩子老实忠厚，从不惹事。胆子有些小，闯劲不足。（孩子海中金命，在父母这个成长环境中只受克制，没有生扶，肯定是老实听话，不敢越雷池半步。）

答：确实！从小就听话。男人不敢闯怎么行啊！

断：文科人才，理科一般。（木火印为文科。四柱中甲木印起好作用，自然文科好）。

答：对啊，从小文科就好。大学也是文科。

断：今年感情稳定了。和女朋友感情很好。（甲木为妻子，月支戌土为感情基础。戌土旺了来感情。子运戌年，戌土克子水，子水不耗局中戌土。戌土旺感情很好）。

答：就是今年定的。女孩1982年的，两个人感情一直很好。你看他们可以结婚吗？

断：他们是天定的夫妻。准备结婚吧。他们谁也离不开谁。（1982年的女孩大海水命，孩子为海中金命。金水相生，又在感情大吉的流年自然感情好）。

答：可不是，他们简直一会都离不开。那他们哪年生孩子好啊？

断：10或11年。2009年前最好不要孩子。（孩子生长的环境最好有生有克。10或11年松柏木命。受父亲年命克，母亲年命生大吉）。

第八章　四柱预测测什么

四柱预测应该测什么呢？有个河南易友曾给国英打电话：“祝老师你能‘过五关’吗”？我不知道什么是“过五关”。此易友在电话中振振有辞地说就是命主兄弟几个、子女几人、父母何时去世，其他的两关是什么我记不住了。把这五个方面都算准了叫“过五关”，并且把“过五关”作为预测的主要内容。这种观点在农村还有一定市场。我不知道在现实中有没有真正能过五关的人，反正到现在我没碰上过。就是真有，这种预测我看也没什么意思。如果四柱预测总停留在这“五关”上，那么永远也登不了大雅之堂。兄弟几个算的再准又有什么意义，算几个子女就更和现实格格不入了。谁都知道，计划生育是人人都要遵守的国策，一对夫妇只生一个孩子连娃娃都会说，如果你再说他命里有两个儿子，三个女儿不是睁着眼睛说胡话吗？所以算兄弟几个，子女几个等是落伍于时代的东西，没有任何意义。算命也要与时俱进。那么算命算什么呢？我看主要是预测命主的事业，也就是财官运、其次是婚姻和身体，有的还可以简单地看看父母子女的情况等。

每个人都有自己的事业，尽管事业大小不同。为官的人求官、做官、升官及降职的过程是他的事业；求财的人发财、得财和破财的过程是他的事业；种地的农民耕地、播种、管理农田到收割的过程是他的事业；算命先生学习算命、实践算命和提高技术的过程是他的事业等等。事业的核心体现在人的财官运上，特别是财运更普遍。有的人可能一生没当过官，但他不可能一生不求财。所以算命时事业应放在第一位。为官的人除了预测他哪年升官外，最主要的是要预测他哪年官上不吉，乃至官灾，以求避免；求财的人不仅要测他哪年发财，还要测他哪年破财，更要测他哪年投资效益最好，帮助他做投资决策。能达到这一步才叫预测。

婚姻也是如此。去了出家人外，几乎每个人都有自己的婚姻生活。婚姻生活质量的好坏对人生有极大的影响。准确预测命主婚姻生活的状况并通过命理调理使婚姻不吉的程度减弱，吉的程度更大是四柱预测的主要任务之一。

命主本人的身体状况是预测的另一方面。身体包括两个方面，一个是病灾，一个是伤灾。预测出何时得病其意义自不必说，如预测出何时有伤灾并帮助命主避过去意义则更大。父母的情况也是人们关心的内容之一。主要预测父母为官为民以及运气情况等。但是人们最关心或者认为算命先生最应该算出的是父母的寿限在何流年的问题，其实这个问题到现在也没有解决。我经常听一些人说某某某某算命先生算父母去世时间是铁口直断，甚至连继母的死亡时间也算得很准。我对此类说法一直怀疑，我们同行中真有这样的高人吗？我曾多次让学员提供这类高人的线索，如真有我肯定带着高学费去学习。但到现在也没人推荐到一个类似的高人。国英也曾在自己的网站论坛上发出类似的帖子，出 5000 元专门学这一项技术。帖子发了半年也没找到高人。所以我怀疑是不是从四柱里根本找不出预测父母去世于哪个流年的规律！四柱预测来不得半点含糊，父母去世更不是闹着玩的事。你预测准了他（她）说你是神仙。如果他（她）的父母已经去世，你说身体不错也没大事，顶多就是说你不会预测。但如果他（她）父母在世你硬说某年父母已经去世，那就不仅是预测不准技术不高的问题了，会给求测者心理上造成不愉快。我就遇到过这样的事。一位预测同行，在学习四柱预测上肯定也下了不少功夫，好多断语都背得滚瓜烂熟。收费很低，和集市上摆摊子的差不多。平时也时常有人找着看看。某天，来了三个妇女求测。他给一妇女排出四柱，上来第一句话就是：你父亲某年去世了。命主脸上不悦：不对啊，我父亲身体很好啊。如果此时他想办法弥补一下还来得及：比如说对不起，看错了，或者干脆说四柱排错了，重新看看。这样既不用自己丢面子，也解了那位妇女心理上的疙瘩。但这位老兄不拐弯还和命主死犟：不对啊，他怎么会没死呢！命主一听再也忍不住了，把他痛骂一顿走了。测父母去世绝不是闹着玩的事。恐怕这和测命主本人去世一样，只从四柱里是不可能完全解决的。

再就是预测子女方面的事。现在国家实行计划生育的国策，一对夫妇只生一个孩子。现代家庭的子女素质就显得更为重要。在现实生活中，夫妻生孩子大都是自然行为，即别的不管怀孕就生。实际上孩子的出生年份从父母角度说非常重要，因为孩子的素质如何不仅仅和自身的四柱有关，还取决于父母四柱中某年运对子女星的生克情况，更取决于父母纳音命对孩子的影响。父母纳音命对子女的影响极大。所以在为人选择生育年份时一定要结合纳音命一起选择。从四柱、纳音命和风水角度提高孩子的素质，是提高中国人口素质的最重要的方法之一。所以，为人预测子女要以调理为主。至于子女的事业即财官运要看子女自己的四柱才准确。

很多人在求测时总问，这个四柱好不好？有时候很好回答，有时却不好直接回答。一个人很聪明，有文凭，自己也是老板，事业做的很大，但他的身体却又残疾。你说他好不好？有的人身体不错，事业却艰难。所以在预测时要各论各的，不要一锅煮。更不能用简单地好与不好概括某个四柱。给他测得越具体越好。

第九章 官运官灾工作

之所以把这几项放到一起写，是因为官运、官灾和工作等人生内容在四柱预测中都用一个字来代表，这就是命局中的正官字。局中无正官时按百神论原则确定。测官运的方法是：确定格局、区分用神忌神后，找出代表正官的字，看这个人是不是官命。什么样的组合为官命呢？一句话：代表第一事业的柱吉特别是地支吉肯定为官。但前提必须是公职，否则只能是老板或其他能人。这里所说的官是指国家机关工作人员以及有“官方”背景的人员等。有些人虽然不是公务员但在国有企事业单位任职也属于官的队伍。国有企业的厂长、经理产生的形式可能是多样的，但这些人任职的本质属于“官”方是不容置疑的。而私有企业的老板是以自己的财产为基础做董事长或总经理，没有“官方”的任何背景。这就不能把他们放到官的行列了。有时候官的界限确实很难分。一个私营企业家当上了副市长，肯定是官啊。当了两年又回去搞企业了，你再说他是官他可能就不承认了。所以还是叫能人命准确：老板是能人，副市长当然也是能人。

掌握了百神论后四柱到手就可判定命主是不是能人命。官运的测法是：结合大运流年看代表第一事业的字增力还是减力了，最主要的还是看第一事业字坐下地支的变化情况。地支起好作用增力或起坏作用受制时提职。反之官上凶。如能根据新派命理预测技术的规则，熟练地运用命局大运流年三者关系，断官运也就是断命主当官的过程就非常容易了。测官运主要看命主是不是官命、哪年升职、哪年官途不顺甚至官灾等等。

第一节 升官测法

先从命局中找出代表第一事业的字，看其对日干起了什么作用，再根据大运流年对此字特别是坐下字的作用结果定升职年运。

山东淄博王某

乾造：**乙巳 壬午 辛酉 戊(子)**

命主从 1975 年 5 月起大运

辛巳 庚辰 己卯 戊寅 丁丑 丙子 乙亥

本四柱时支子水空亡。辛金日干生于午月弱，坐下酉金一次受伤仍能成体系扶日干，日干弱。

本命月干壬水代表命主的官职。根据反断规则，本四柱月干壬水反断为用神。伤官为用为第一事业是个官命。壬为官职，壬水旺时工作顺利，坐下午火旺时提职，权力变大。庚辰大运辰土制午火难升职。己卯运己制年干乙木，乙不泄壬工作顺利，工作条件变好。

国英测：己卯运，乙亥年，己制乙兑现换单位了，亥生卯卯增力生巳午，此年下半年提职，到新单位工作。

答：这年 10 月份从县政府机关派到一乡镇任副镇长，由一般干部提到副科级。

国英测：己卯运，戊寅年，寅卯生巳午，午旺提职。

答：这年任镇长。

国英测：己卯运，辛巳年，卯木生巳火，巳旺扶午又提职。

答：看来不信命也要信了。这年任镇党委书记。

此命的最大的官运在戊寅运，50 岁后官运差了。

济南市王某

乾造：**戊戌　乙丑　戊申　乙卯**

命主从1962年3月起大运

大运：**丙寅　丁卯　戊辰　己巳　庚午　辛未　壬申**

戊生丑月不旺不弱，年支戌土不能扶日干，日干从弱。月乙正官为第一事业为工作是个用神，丑为权利和职位大小。丑弱时升官。庚午运，癸未年未冲丑，午生戌，戌旺又刑丑，丑弱极。壬午年秋，国英就测出命主2003年要升职，而且肯定有把握的。所有的竞争对手都会败在自己手下。癸未年己未月，命主升任某公司董事长。

第二节　官灾测法

官灾的测法也是要先从命局中找出代表第一事业的字。第一事业字坐下地支起好作用受制严重或起坏作用增力极大时就是官灾应期。

济南市张某

乾造：**甲午　辛未　丙戌　壬辰**

命主从57年11月起大运

大运：**壬申　癸酉　甲戌　乙亥　丙子　丁丑**

本命日干旺，根据反断规则，本四柱月干辛金反断为忌神。辛金为忌受制是个能人。辛金为命主的第一事业，能人为公职肯定当官。实际此人在某国有垄断行业一单位做小部门领导工作。结合运看，此官必定做的很累，属于费力不讨好的部门负责人。

答：祝老师说得一点不错。我1990年当上这个小官，天天没白没黑地干，可以说是兢兢业业。半夜12点出了事我也得起来处理。就这样，还时常挨批评。

辛金坐下未土为权力大小，未弱时权大当官，未旺时工作不顺乃至官灾。大运丙子，流年辛巳，巳火生未土力大，断此年工作出事，官上凶。

答：真是命了。实不相瞒，2001 年被人诬陷让检察院立了案，还被关了多半年。2002 年查无实据才又放出，重新工作。

江苏谢某

乾造：**庚子　己卯　辛酉　壬辰**

命主从 1960 年 10 月起大运

大运：**庚辰　辛巳　壬午　癸未　甲申　乙酉**

辛日干生卯月弱，坐下酉金扶日干成体系，日干弱。壬为第一事业，为忌神不会一生为官。在辰土增力的年运会有临时性的官职。实际命主在壬午运庚午年被任命为一个小公司的经理。就任后工作一直不顺。癸未运甲戌年戌冲辰未刑辰，辰受制严重，因经济问题被捕。癸未运丙子年，未子都制辰，被判刑 7 年。

除了公职人员的官灾外，老百姓即不为官之人的官灾预测也看代表正官的字。代表正官的字坐下地支最凶时出官灾。

2003 年网上预测四柱

乾造：**壬子　壬子　戊子　己(未)** 从弱

命主从 1977 年 4 月起大运

大运：**癸丑　甲寅　乙卯　丙辰　丁巳　戊午**

本四柱时支未土空亡。戊土日干生于子月弱，时支未土空亡不能帮日干。日干从弱。时干己为命主的第一事业，己受坐下克制时出官灾。乙卯运戊寅年，寅卯都制己，命主杀死四人，后被枪决。

山东淄博靳某

乾造：**壬午　癸卯　丙戌　壬辰**　身旺

命主从 1942 年月 12 月起大运

大运：**甲辰　乙巳　丙午　丁未　戊申　己酉**

丙日干生于卯月旺，坐下戌扶日干，日干旺无疑，但克制日干的力量成体系，日干不从强，身旺用财官伤。月干癸水第一事业为用能人命。癸官坐下地支卯木旺时出官灾。丁未运癸丑年，丑冲未，未土弱无力制卯木，卯木旺，官上凶。

答：这年我进去了。搞了点东西卖了，说我投机倒把。判了六年，1979 年才放出来。

安徽阜阳李某

乾造：**甲辰　甲戌　甲午　壬申**　身弱

命主从 73 年 5 月起大运

大运：**乙亥　丙子　丁丑　戊寅　己卯　庚辰**

甲日干生在戌月弱，坐下午火泄身，日干弱无疑。天干一片印比生扶日干，日干弱。月甲为命主的第一事业，是个用神逢帮扶命主是个能人。甲木坐下戌土旺了官吉，戌土受制时出官灾。

刚进入戊寅运的癸未年，命主因经济问题被拘留。后判刑一年。

第三节　工　作

工作就是每个人的具体工作岗位，所以也必须看官。现在的劳动用工已经基本市场化了。城市市民除了公务员身份外，也大都是合同工了，合同到期可以随便换工作。农村年轻人靠在地里的极少了，也大都到城市里找个工作干。据说现在在城里打工的农村人口有近两亿，为发展很快的中国经济提供了充足的劳动力。市场经济社会的特点就是流动性很大，人们今天在这里干，明天就可能到另一个单位了。这种变化也必然在四柱预测中反映出来。预测长期稳定的工作看正官，找新工作和临时性的工作看偏官。

2003年网上预测四柱

岁末疑惑，为何今年无工作

坤造：**辛酉　辛卯　庚子　壬午**

命主于公历1985年6月起大运运

大运：**壬辰　癸巳　甲午　乙未　丙申　丁酉**

国英测：是没找到工作吗？

答：是的。

国英测：那就对了。2003年找的单位不是条件太差就是效益不好，自己不愿意去。

答：几月可以看到希望呢？

国英测：2004年找的单位还不会理想，建议先凑合干着。2005年一定找到好单位了。

本四柱庚日干生于卯月弱，年干支为月日干的比劫扶日干成体系，日干不从弱，身弱用印比。根据反断规则，本四柱时干壬水反断为用神。时干壬水为新工作，坐下午火旺了新工作单位效益好。癸巳运癸未年，未土泄巳火，巳不扶午，所找的单位效益都差，巳弱不耗日支子，子旺冲时支午。子代表自己的思想倾向，子旺冲午自己不愿意去。

网上预测四柱：

一位叫青山的易友在2004年1月6日发帖子

祝老师：您原来说我2003年底工作会变好的，我这个月被调到行政部门工作去了。请老师看看我2004年的工作如何？我适合行政工作吗？谢谢！

乾造：**庚申　庚辰　甲子　癸酉**

命主于公历 1984 年 12 月起大运

大运：**辛巳　壬午　癸未　甲申　乙酉　丙戌**

这位易友 2003 年夏天在我的网站论坛上找国英预测工作何时会变动。当时国英断当年年底前一定能变动，是向好处变。

甲日干生于辰月弱，月干七杀克身，日干弱无疑。但癸水时干坐酉金上生扶日干为成体系，日干不从弱。身弱用印比。癸水为工作，坐下酉金弱时工作变好。壬午运癸未年，午未都制酉金，酉金弱工作变动，单位条件好。

第四节　退休和内退

退休和内退也都是看正官的坐下地支，坐下地支凶时单位没了。单位没了即为退休或内退。退休和内退从命理上一致，都是失去工作岗位但还发给工资。

2004 年年网上预测四柱：

有劳祝大师帮我看看我爸的四柱！

祝大师，您好吗，我又来啦，以下是我爸的四柱，请大师看看他的寿命和健康问题。还有我家买房总是一波三折，您看我爸的四柱上看得出哪一年可以建好房搬新家呢？谢谢！

乾造：**丁亥　丁未　辛亥　壬辰**

交运：命主于公历 1955 年 3 月起大运

大运：**丙午　乙巳　甲辰　癸卯　壬寅　辛丑　庚子**

国英测：从弱。能人，当官的。1980 年以后一直当官吧。身体现在没大问题的。78 岁后才会出问题了的。2006 年可建房或买房。你妈以前身体不好，现在好多了。

答：祝大师好！我爸是党员，做的是机械工程师。身体的确一直很好的。我妈以前身体不行的，常生病，现在的确很好了，很少生病。

国英测：工程师是官的。好多人可能不这么认为，但预测时作官看的。你父母的晚年都很好的，不用担心。你爸去年事业一般，否则退休的。

答：对呀，我爸去年是开始不工作了，内退在家休息着。大师还是准呀！父母晚景好我很开心了 。谢谢大师！

第十章　婚姻和感情

家庭是社会的细胞，婚姻关系又是家庭关系中的基本纽带。婚姻质量的好坏，在成年人的生活中占有核心的位置。传统的四柱预测书一般都把女命男命的婚姻分开论述，而且也大都把女命作为男人的附属品来看待的。国英以为不仅那些封建性的糟粕要彻底抛弃，就是把男命女命的婚姻完全分开测也没那个必要了。只要知道男命测婚姻看财女命测婚姻看官就可以了。毕竟现在已经到了二十一世纪。预测婚姻最根本的是看两个字：感情！不管男命女命都看感情。只有这样才体现了男女在婚姻上的真正平等。

预测婚姻的操作方法是，先从命局中找出代表配偶的字，即男命找出正财，女命找出正官，看它为用还是为忌以及逢生还是受制。一般说来，代表配偶的字为用受天干字生扶时，配偶外貌长相好；为用受天干字生扶特别是坐下地支对配偶起好作用时，配偶有能力。反之长相差或能力差。局中没有测婚姻感情的六亲时，按百神论规则确定。配偶坐下的地支代表夫妻感情基础，此字在年运发生极大变化时是婚姻应吉应凶的标志。另外还要明确一个概念，就是什么是结婚，结婚是把对方看作配偶和对方有了夫妻之实的行为。所以结婚既不能以领取结婚证为准，也不能以举行仪式为准。现在的社会越来越开放，未婚先孕乃至试婚的事越来越多。生了孩子再举行仪式或者再去登记已经不新鲜，预测时必须明确这个问题。再一个就是谈恋爱，也必须看代表感情基础的字，感情基础字吉时心上人才会来，感情基础字凶时心上人变陌路人。第一次婚姻以及第一次恋爱时男命看正财，女命看正官；第二次乃至更多次婚恋时男命看偏财，女命看偏官。

2006年一位网名叫好不好的易友发帖

请看看我的婚姻和事业。

乾造：**丁巳　癸丑　甲午　甲戌**

大运：**壬子　辛亥　庚戌　己酉　戊申　丁未**

10岁　20岁　30岁　40岁　50岁　60岁

易友大都知道，我这几年收了一些亲传弟子，有国内的，也有海外的。在这些弟子中，工农商学兵老板干部都全了。他们中年龄最大的出生于1922壬戌年；当官级别最高的是厅级；文凭最高的是博士；职称最高的是教授；距离最远的在美国；专业收入最高的每年几十万；最富有的是亿万老板；弟子数量最多的是北京，一个城市就有几十名。

下面是弟子齐树力的预测，括号里是好不好易友的反馈。

这个四柱，坐下午火是个忌神，左可以照顾丑土，右可以帮助戌土。惟独没有把心思放在日干甲木身上。

1. 命主记忆力好，思维好。但容易用脑过度，忧虑过度，有些神经衰弱，进而忧思重重，判断混乱。（对，很正确，神经衰弱。）

2. 作为人子孝顺，为人友义气。慷慨大方，彬彬有礼。（正确。可惜，命中注定我是为了别人活着。）

3. 命局中火旺，婚姻有波折。妻子与母亲格格不入，不能相容。但现在正走金运，感情丰富，没有空白。（婚姻的确波折不断，真的不知道什么时候才能够顺利。妻子与母亲格格不入，不能相容。太对了，大师太厉害了！）

2000庚辰年，大忌神午火受制，事业顺利，春风得意。（正确）

2001辛巳年，金水气势强旺，感情如鱼得水。女友靓丽，感情浓浓。（正确）

2002年壬午，大忌神午火出现，于金钱，容易去而无回。（正确，太对了！）

2003年癸未，癸水实神出现，婚姻送上门。并且工作有提升之象。另外，辛亥运中，亥水在这一年受制最为严重，甲木在这一年也因癸水的出现而增力，因此这一年必耗财。（正确，工作提升，婚姻上门，全部正确。）

2004年甲申，甲木实神出现，花费大，家庭开支大，朋友间支出多。（对，偿还朋友债务，花费很大。）

2005年乙酉，癸水旺的态势多年来第一次被打破，不但工作中吃力，而且婚姻的矛盾已经基本公开，很多人都知道了。只是地支依然强劲，今年不会离婚。（正确，婚姻的确矛盾重重，我感觉还会发生打架伤人的事情。齐老师的批断是我见过最准确的，烦请老师看看今后几年的情况，谢过！）

齐树力是河北玉田人。痴迷四柱预测多年。最难能可贵的是他在挖掘干支组合之象上取得了可喜的突破。一样的四柱，用他悟的“象”一断，就特别具体形象。吉凶的来龙去脉也显得特别清楚。

第一节　美满的婚姻

幸福美满的婚姻反映在四柱中就是命局中关于婚姻的组合吉，行运又吉，那么这样的婚姻一定幸福。

辽宁省关某

乾造：**戊午　丙辰　己亥　癸酉**

命主从1987年10月起大运

大运：**丁巳　戊午　己未　庚申　辛酉　壬戌　癸亥**

此造身旺，月干丙火为妻子，是个忌神受年干戊土克制，妻子漂亮能干。此命现在在澳大利亚，夫妻都是留学生。这是国英应命主妻子之约在网上为其预测的。断到婚姻时，国英说，1998年有女孩子追，女孩子很漂亮。一直感情很好。其妻子答：对，那个女孩其实就是我。我们是高中和大学同学，后来结婚又一起来到国外。生活得一直很幸福。

黑龙江省孟某

坤造：**戊寅　己未　壬申　壬寅**

命主从48年11月起大运

大运：**戊午　丁巳　丙辰　乙卯　甲寅　癸丑**

壬水日干生于未月弱，日支申金两次受伤生日干不成体系，日干从弱。月干己土为丈夫受年干扶，丈夫有能力，帅气。实际丈夫是部队干部，后转业到地方。很帅气。未为感情基础和丈夫身体，未旺感情好，丈夫身体也好。乙卯运制未土，丈夫身体不好，在家休养了几年。

河北李某

坤造：**壬子　壬寅　庚辰　壬午**

命主从76年10月起大运

大运：**辛丑　庚子　己亥　戊戌　丁酉　丙申　乙未**

当测到婚姻之事时，国英为命主断到：1990年有男孩追，1992年分手了。

答：1990年和同村的一个男孩子关系很好，1992年我出来工作转户口了就分了。

断：和现在的丈夫1994年结婚了。答：一点不错。1994年底结婚。

庚日干生于寅月弱，坐下辰土帮身成体系，日干弱。月干壬为丈夫和男朋友，寅木弱时感情好。庚子运庚午年，流年支午冲运支子，子不生局中寅，男孩来追，自己也动心。庚子运壬申年，流年支申金生大运支子，子旺生局中寅，和男朋友分手。庚子运甲戌年，流年支戌土克大运支子水，子弱不生寅，结婚。

网上预测四柱

一位叫天下有雪的易友发帖子求测：

请各位大师看看这个四柱，1993年丈夫有什么事呀？

坤造：乙未　己卯　癸酉　丁巳

命主于1962年月起大运

庚辰　辛巳　壬午　癸未　甲申　乙酉

弟子无为测：若时辰无误的话，从弱。1993癸酉年，丈夫应吉。

此后也有易友发贴认为此年丈夫应凶的。

求测者：请祝老师给看看啊。

国英回答：同意无为的看法。

求测者：祝老师，为什么是这样呢，能说一下吗？

国英答：只要时辰准确就没错的。因为卯木旺了丈夫走运。

求测者反馈：此命1992年底丈夫换工作，1993年就很发财了，其它都很好呀。可好多人都说这年丈夫有大灾啊。祝老师和无为老师的对了，100分。

癸日干生于卯月弱，坐支酉金两次受制扶日干不成体系，日干从弱。月干己土为丈夫，坐下卯木为丈夫的运气情况。卯旺丈夫走运，卯木受制丈夫倒霉。癸未运癸酉年，流年支酉金制去运支未土，未土不制局中卯木，卯旺丈夫当然大吉。

第二节　不吉的婚姻

不吉的婚姻包括两个方面，一是夫妻感情破裂而分道扬镳，就是所谓生离的婚姻。我们把离婚放到不吉婚姻一节来讲述，是按照中国讲究白头到老的观念来说的。实际上有些婚姻的解体对当事人来说未必就是凶事。与其在一起痛苦，还不如重新开始，也可能会得到真正的幸福。这就牵涉到社会价值观的问题了。另一种不吉的婚姻就是所谓的死别，即配偶因病因伤而在青壮年死亡。这类不吉的婚姻给在世的丈夫或妻子造成的创伤更大。

山东省德州市彭某

乾造：**乙卯　庚辰　乙巳　丙子**

命主 1982 年 9 起大运

大运：**己卯　戊寅　丁丑　丙子　乙亥　甲戌　癸酉　壬申**

乙日干生于辰月弱，年干支乙卯不能扶日干，即命局中生扶日干的力量不成体系，日干从弱。月干庚金为妻子。庚金为用合日干夫妻感情好。年干乙木合绊庚金，但乙合庚力量小，妻子只能说不为大能人。实际命主妻子为某政府机关的普通工作人员。乙合庚力小，妻子比较漂亮。辰土是感情基础，辰土弱了感情好，辰土旺时出现感情风波。辰土为妻子身体，辰土弱了妻子身体好。辰土旺时妻子身体出毛病。

断：戊寅运戊寅年或己卯年结婚。

答：1998 年定婚，1999 年结婚。

断：戊寅运壬午年，午火泄寅木，寅木不制辰土，辰土旺夫妻起感情风波或妻子身体出问题。命主好半天后说：难道真是命吗？实际命主的结发妻子于壬午年戊申月己未日乙亥时车祸身亡。

青岛市胡某某

坤造：**壬子　乙巳　丙寅　壬辰**

命主大运 从 1982 年 3 月起大运

甲辰　癸卯　壬寅　辛丑　庚子　己亥　戊戌

本命丙火日干生于巳月旺，时柱壬辰一气克制日干成体系，身旺用壬水。月干乙木为丈夫，乙木为忌神逢生扶丈夫不为能人，壬水生乙木力小，丈夫也不愚笨。实际命主的第一个丈夫为某企业的一般管理人员。巳火是夫妻的感情基础，巳火弱时夫妻感情好。日支寅木为命主本人的意识、思想和对某种事物的态度。寅木生巳火，本人对婚姻不积极，是晚婚命。巳火弱了结婚。

国英当时断：癸卯运丁丑年，丑土耗卯木，卯木不生巳火可结婚。

答：1997年底谈对象，但没结婚，在1998年底结婚。

断：那么婚姻出问题了。1999年就会分居。

实际1999年为了分居又不在社会上造成影响，命主主动到外地上学，和新婚丈夫形成事实上的分居。庚辰辛巳年仍然如此。壬午年夏天办完离婚手续。命主其实根本就没有和丈夫过夫妻生活。类似这样的婚姻就应该早日结束。婚姻是以感情 来维系的，没有感情的婚姻就失去了存在的意义。再在一起生活其实给两个人带来的只有折磨和痛苦。

宫位论是指在用十神表示六亲的同时，另用四柱的各柱共同表示相应的六亲。其中，年柱表示父母祖上，其中年干为父亲，年支为母亲；月柱为兄弟姐妹宫；日柱为命主自己和配偶宫，男命日支为妻子，女命日支为丈夫；时柱为子女宫。

宫位理论在预测婚姻子女等六亲方面作用较大，与十神论六亲的方法结合起来使用，就可以神断。

日支为配偶宫。如果命主婚姻在纳音搭配方面不吉，四柱的组合再有下列一项时就可断婚姻不顺：

1. 日支伏吟，即日支和月或时支为同一字时；

2. 日支与月时支发生刑或冲或合或害的作用关系时；

3. 以时柱为准查空亡，日支出现空亡时；

4. 女命伤食为百神丈夫时；

从纳音组合和命局发现了婚姻不顺的信息，再找出代表婚姻的十神，结合大运流年找应期就很容易了。

山东季某

坤造：乙巳　己卯　辛未　壬辰

此命第一个丈夫为甲辰年，夫妻纳音组合为同命不吉。时干为百神丈夫，又以时支查空亡，日支为空，婚姻不顺；

河北张某

乾造：**丁未　己酉　乙酉　丙戌**

此命第一个丈夫为乙巳年，夫妻纳音组合为女克男为凶。日支伏吟，日支又与时支相害，婚不顺；

山东省李某

坤造：**戊申　辛酉　丙午　戊子**

命主从1976年12月起大运

大运：**庚申　己未　戊午　丁巳　丙辰　乙卯　甲寅**

此命第一个丈夫生于丙午年，夫妻纳音组合女克男为凶。再加上配偶宫落空亡，现在已经三次婚姻。

丙生酉月弱，日支一次受制扶日干仍成体系，身弱用印比。此命月干辛金为丈夫为忌神，辛得年干生丈夫能力一般。酉金为感情基础，酉金受制时夫妻感情出问题。求测者是一位很文静的女孩子。

看完四柱，国英为其断到：婚姻不顺，易出感情风波。1993年前不能结婚，否则出问题的。

答：1992年结婚，结婚就闹离婚，1993年办完离婚手续。

戊土为第二个丈夫，子为感情基础。子旺时，和第二个丈夫结婚。

断：1995年找到第二个丈夫，投缘结婚。

答：是1995年结婚，1996年生了儿子。

断：己卯年，卯冲酉，酉金弱，第二次婚姻破裂。此年再次离婚。

吉林省齐某

坤造：**癸卯　乙丑　癸未　癸亥**

命主从1964年1月起大运

丙寅　丁卯　戊辰　己巳　庚午　辛未　壬申

此四柱丈夫和命主同岁，都是癸卯年。

癸生丑月旺，但月令丑两次受伤，日干弱。月干乙为丈夫，年干癸生之，丈夫能力一般。实际命主的丈夫为一般职工。丑为丈夫身体和感情，丑弱感情好，丈夫身体好。己巳大运，壬午年，巳午都生丑，断：夫妻感情出问题或丈夫身体不好。来测者深深的叹了一口气：唉！感情不好也可能就没事了。我们的感情很好。他在二月里得脑出血死了。

我在预测中遇到过许多这样的命例。夫妻感情很好，就是在夫妻闹矛盾的年运也很好。但却在这样的年运配偶往往出大灾。到底从四柱中怎么区分是感情矛盾还是配偶极不走运。还需要在预测实践中解决。

这个四柱还有一个婚姻不顺的信息：月干乙木为百神丈夫，日支夫宫又逢冲。逢此组合的女命，如果夫妻纳音命组合再不吉，肯定是婚姻不顺的命，不是生离，就是死别。

第三节　婚外情的测法

婚外情也就是外遇。指的是夫妻中的一方又和法定配偶外的人有了感情和性生活。感情和性行为是外遇的两个因素，缺一不可。感情是前提，性生活是实质。现在的社会越来越开放，一夜情之类的事似乎成了好多人的生活内容。但一夜情却不能叫外遇。因为它缺少外遇的一个因素——感情。当然，尽管和配偶以外的人有感情，但无性生活，也不是外遇，因为没有实质行为。古人曾为外遇专门规定了一种神煞：桃花。桃花煞之论虽然不可取，但这个词却可以用的。桃花运，一点不错，有了外遇就是桃花运到了。命局中代表外遇的字男命为偏财，女命为偏官。没有这两个字按百神论的规则确定。具体预测外遇从两个方面着手：一是年运作用的结果使代表夫妻感情基础的字凶，二是代表外遇的字又吉时是出外遇的年运。

烟台李某

乾造：**辛亥　己亥　癸卯　丙辰**

大运：**戊戌　丁酉　丙申　乙未　甲午　癸巳**

命主于 1973 年 11 月起大运

本四柱时支辰土空亡。癸日干生于亥月旺百分之五十，年支亥扶月令，日干肯定旺了。日支卯木泄日干成体系，身旺用财官伤。根据反断规则，本四柱时干和月干都反断为忌神。时干为妻子坐下帮扶丙火时感情出问题。月干己土为外遇，己土受制时来外遇，亥水弱时外遇成功。乙未大运，丙戌流年，戌土扶丙火，和妻子感情矛盾重重；乙木制己土，出外遇。未戌土都制亥水，外遇成功。实际丙戌年癸巳月命主在和妻子闹矛盾的同时，与一外地打工妹打得火热，并使打工妹怀孕。

河南武某

乾造：**壬子　乙巳　壬戌　乙巳**

命主从 1974 年 2 月起大运

丙午　丁未　戊申　己酉　庚戌　辛亥

壬生巳月弱，年柱壬子不能帮扶日干，日干从弱。此命月干乙木为妻子，年壬生乙木，妻子漂亮。乙木坐巳火，妻子能干。巳为感情基础，巳受制时和妻子感情差，易有外遇。戊申大运癸未流年申金生年支子水，子水克巳火力大，流年未制月支巳火，妻子在感情上难以满足自己，易出外遇。时干乙为外遇对象，癸生乙，乙旺此年有外遇。

江苏李某

坤造：**己酉　丙寅　乙亥　丙戌**

命主从 1970 年 7 月起大运

丁卯　戊辰　己巳　庚午　辛未　壬申

乙日干生于寅月旺，又得坐支亥水生，日干旺无疑。月干丙得月令生扶泄日干成体系，日干不能从强。身旺用丙火。月干丙火为丈夫，坐下寅木为感情基础。寅弱感情好，寅旺时感情出问题。时干丙火为外遇的六亲，月支寅木增力和时支戌土减力时有外遇。庚午大运庚辰流年，流年辰土泄大运午火，午被制寅木旺感情出问题。午不生戌，戌土弱，外遇来了。此年命主外遇。辛巳年办完离婚手续。

第四节　怎么用四柱合婚

从事四柱预测会经常遇到合婚的问题。合婚是传统四柱预测学的重要内容之一，而且影响极广。古人的合婚之法大体有这么几种：一是神煞法，就是根据四柱命局存在的所谓神煞合婚。男命四柱中有某某神煞是克妻的命，女的不能嫁他；女的四柱中有某某神煞克夫，男的不能娶她。这样的合婚法现在已经基本绝迹了。二是属相法，就是用男女年支之间的关系来定。据说男女四柱间的年支相害婚姻就不行，冲也不行，刑也不行。三是年柱法，就是用男女四柱年柱两个字的关系来看某对男女婚姻吉不吉。年柱天合地合婚姻吉，相生吉，天克地冲凶，相克凶。四是用神法。就是男女四柱命局的用神互帮婚姻为吉，用神相克婚姻为凶。

结合预测实践看，这几种办法都必须坚决抛弃。一句话，不是没用就是没法操作。本书用大篇幅推出的纳音合婚可以说既科学又方便的方法，非常便于操作。国英在此提醒易友的是，因为这个办法太好掌握了又太准确了，所以容易让易友们忽视它的科学性。国英为此送给易友们两句话：起初谁也不太重视，一用之后谁都离不开！大家不妨拭目以待。用纳音合婚的技术 2005 年开始启用。为了说明纳音合婚的科学性和客观性，此节仍用 2003 年以前预测的命例。

一位叫loret的易友2003年在网上求测

请祝老师指点几句。我的婚姻怕不好吧，谢！

坤造：**戊午 辛酉 庚寅 甲申**

命主于公历1984年7月起大运

大运：**庚申 己未 戊午 丁巳 丙辰 乙卯**

国英测：婚姻怎么就不好呢，2001年谈的那个不一直不错嘛。很帅的，又有能力。

答：大师说来话长啊，2001年别人介绍一友，很帅的，但他桃花太多主虚伪，连累我的名声，说着就来气。2002年初叫他滚啦！

2002年底友人重提此人，此前MM高不成低不就的，可惜已到打折的年岁啦，只能答应罗！

那人以现在的表现，嗯……还可以吧！哈

国英测：打折？loret易友真逗！哈哈哈哈！

答：真是太感谢祝老师啦……嘻，小女子这厢有礼啦！

MM玩心未泯，不过家里催婚急着呢，………贴上男友命例，请老师看看，千万要赐真言呀，别怕我晕倒！（假如两人命里都未到婚期，结婚不好吧？）

乾造：**乙卯 甲申 乙未 乙酉**

命主于公历1978年9月起大运

大运：**癸未 壬午 辛巳 庚辰 己卯 戊寅**

国英测：身弱。你们今年无论如何要结婚的。不是指举行仪式。是肯定有夫妻生活了。

答：老师真讨厌……真讨厌……！没有的事！

那……那……我俩一起好吗??? 老师你赔我几句真言，谁叫你胡说来着！

国英测：今天北京来了两个弟子，给他们讲课，回复晚了抱歉。放心吧，你们棒打也难分的。

实际命主于2003年公历11月举行结婚仪式。

从纳音看此人的婚姻：女命生于戊午年为火命，男命生于乙卯年为水命。男命克女命是吉的婚姻组合。四柱本身反映的感情信息也吉，婚姻自然很好。其实我们还可以通过纳音看出来：此女命个性强，人很聪明，很有主见，婚后肯定当家但对丈夫又照顾的无微不至。男命属于富贵悠悠的命，一生贵人相随。能掌实权，妻子对自己体贴入微。

再从四柱角度看：女命庚金日干生于酉月旺，坐下寅木两次受伤克制日干不成体系，日干从强，月干辛金为丈夫，辛为用得年干生，丈夫有能力，帅气。酉金弱时感情好，感情吉时结婚。己未大运癸未年，两个未土制酉金，酉金弱极，肯定结婚。男命乙木日干生于申月弱，但天干一片比劫成体系扶日干，日干不从弱，身弱用印比。月干甲为妻子，申金为感情基础，申金旺时感情好，感情好时结婚。辛巳运，癸未年未土泄巳火，巳火不合绊申金，感情很好结婚。

2003年网上预测四柱

请祝老师看看我这对朋友有婚缘吗？谢谢！

坤造：**己未　己巳　己丑　丁卯**

命主于公历1984年7月起大运

大运：**庚午　辛未　壬申　癸酉　甲戌**

乾造：**甲寅　丁丑　癸丑　丁巳**

命主于公历1984年6月起大运

大运：**戊寅　己卯　庚辰　辛巳　壬午　癸未**

国英测：是2001年谈的吧。现在挺好的，没问题的。

答：祝大师说得对，是2001年谈的。大师的意思是两人最终会结婚吗，那她可开心了，谢谢大师！

国英测：肯定结婚了。

从纳音看，男命为水命，女命为火命，是大吉的婚姻组合。加上四柱反映的婚姻信息吉，婚姻肯定美满。

再看四柱。此女命己日干生于巳月旺，克制日干的力量不成体系，日干从强。月干己土为丈夫，坐下巳火为感情基础，巳火弱了男朋友来追，感情好。辛未运辛巳年，流年巳火生大运未土，未土旺泄命局巳火，男孩子来追。辛未运癸未年，两个未土制巳火，感情更深。男命癸日干生于丑月旺，坐下丑又扶身，日干旺。月干丁火为女朋友，坐下丑土为感情基础。丑土旺了女朋友爱自己，自己也喜欢女朋友。己卯运，辛巳年，巳火泄卯木，卯木不制丑土，女朋友喜欢自己。己卯运癸未年，未制卯，卯弱不制丑，感情很好。

第十一章 财 运

传统的四柱预测理论中有句话印象很深：财为养命之源！对中国人来说，在官方的意识形态里强调物质财富的重要性是一个伟大的进步。个人的生活离不开钱，社会的进步也离不开钱，国家的强盛更离不开钱。一艘航空母舰就要十几亿美元，没有钱造得了吗？所以中国出的富翁富婆越多就越好。在四柱中预测财运要从两个方面看，一是命主经常干的事业所得的收益，这就是正财所得的收益；二是新干或临时性以及兼职干的事所得的收益，这就是偏财所得的收益。命局中无财星是否就穷命呢？不一定，这要看四柱组合，更要看大运流年是否帮扶。身弱局中无财就富吗？也不是。也要看四柱组合和年运对命局的作用。身旺财旺就富吗？还是不一定，也要看组合和年运是否帮扶。

预测财运时也是先从命局中找出代表财运的字，也就是代表事业的那个字。第一事业为正财运。第二事业为偏财运。看其为用还是为忌以及逢生扶情况，然后结合年运预测。看一般人财运主要看正财，偏财毕竟不是能长发的。公职人员的正财为工资，偏财为工资以外的收入。所以看公职人员的财运时要以偏财为主，因为工资为固定的。预测彩票等临时性的收入也看偏财。

第一节 发 财

财为用逢生扶年运又帮扶发财。财为用的“财”包括根据百神论原则所确定的代表财的字。

河北省高某

乾造：**乙未　丁亥　壬辰　壬寅**　身旺

命主从1962年1月起大运

大运：**丙戌　乙酉　甲申　癸未　壬午　辛巳**

壬日干生于亥月旺，日干坐下辰土扶身，日干旺无疑。丁火得年支扶成体系克制日干，日干不能从强，身旺用财官伤。丁火财为用神得年干乙木生扶，能人命。丁财为财运，坐下亥旺时发财。命主从上个世纪70年代就在外搞建筑施工，一开始当小工，后自己承包工程，逐渐做大。甲申运癸亥年，亥旺，第一次承包建筑工程成功，发财。从此一发而不可收。甲申运戊辰年，又承包一项大工程，发财。此后的几年又连续承包了一些工程，都顺利完成。现为千万富翁。

北京某大型民营企业集团公司总裁刘某某

乾造：**辛丑　丁酉　乙卯　丙戌**　从弱

命主从1965年6月大运

大运：**丙申　乙未　甲午　癸巳　壬辰　辛卯**

乙木日干只得坐下卯木扶，卯木两次受伤帮日干不成体系，其它字皆克制日干，本四柱为从弱格。

本四柱丙火用神为第一事业能人命，丙火为官职又旺一生为官。戌土越弱官越大。丙火也为财运，丙为用富命。本命现为亿万富翁。

国英断：乙未大运，庚申流年。申金耗戌土提职。

答：此年任一厂的厂长。

国英断：乙未运，甲子年。子水耗戌土，升官，工作有大变化。

答：此年提升为副乡长。

国英断：甲午运戊辰年，辰泄午午不生戌，提职。实际此年底提升为某局局长，己巳年初到任。

国英断：癸巳运，丙子年。子水耗戊土，丙火帮丙火，此年提职或工作有大的变化。

答：实际此年年底辞去公职，筹办自己的公司。

财运：命主1996年之前一直任公职，靠发工资奖金生活，各个年运不会有大的差别。实际上命主除戊辰年得了可观的承包奖金外，其他流年财运都差不多。

国英断：癸巳运，丁丑年，巳火生丑土，丑土增力刑戌土，发一些财。

答：此年新公司刚起步，赚了钱。

国英断：癸巳运，戊寅年，寅木克戌土发财，比丁丑年多数倍。

答：一点不错！

国英断：癸巳运，庚辰年。辰土冲戌土，此年天财横发，是命主以往人生史上赚钱最多的一年。

答：祝老师真神人也。2000年工作最顺，财运最大。可以说是高峰。实际此年命主的收益以亿计。

壬辰大运，壬水克丙火用神，工作累，但辰土冲戌土，将是命主人生史上发财最多的十年。辛卯运财运差，庚寅运又发。

山东李某

乾造：**丁亥　癸卯　丙申　辛卯**　身旺

命主从1950年12月起大运

壬寅　辛丑　庚子　己亥　戊戌　丁酉

丙日干生于卯月旺，年支亥生卯，日干旺无疑。但克制日干的力量成体系，日干不能从强，身旺用财官伤。时干辛金为偏财，坐下卯弱时发偏财。此命是铁杆彩票迷。从彩票一问世就开始购买，连续买到现在。2003年春天找国英预测。问起彩票事，国英断：2002年得过奖的，2001年和2003年小奖都很难。命主反馈：对啊。2002年几千和几百的奖得过好几次，有几次差一个号得大奖。2001年和2003年就没开过壶。

预测彩票看偏财。此命辛金为偏财，坐下卯弱时发偏财。丁酉运，壬午年酉午都制卯发偏财。

什么样的命才是富命呢？让我们看看世界首富比尔·盖茨。一项资料表明，比尔·盖茨平均每秒赚钱250美元，即每天赚2000万美元，一年赚78亿美元，折合成人民币就是600多亿。假如盖茨是一个国家，那么他将是地球上第37个最富有的国家。如果盖茨将所有的钱换成一美元一张的钞票，再一张一张排起来，那么这些钱可以连接14条从地球到月亮的路。这就是世界首富！从他身上我们更清楚地看到了人和人之间的差别。

第二节　破　财

破财也有两种情况。一种是破正财，也就是经常干的事业破财，这里边又分为老板破财和打工者破财。老板（投资者为老板）破财从命理上讲是因为走到了正财凶的年运上。用社会语言解释那是因为经营不善市场滑坡等原因造成的。打工者也是如此，本人到了破正财的年运上，所在单位效益就差，发不出工资或发工资不及时或发不足额。这都属于破正财。另一种就是破偏财，是指命主把已有的钱花出去或借出去。如买房购车，家人有病花钱等。新干事业投资也为破偏财。

山东江某

乾造：**辛丑　辛丑　癸亥　丙辰**

癸日干生于丑月旺，丙坐辰土受晦虽克制日干不成体系。日干从强。

命主从1968年5月起大运

庚子　己亥　戊戌　丁酉　丙申　乙未　甲午

此命时干丙为按百神原则确定的第一事业，是个忌神不是一生为官的命。坐下辰土弱时临时性为官。实际命主原来为司机，现为某单位管理人员。戊戌运甲戌年，两个戌土冲辰，辰弱当官了。实际此年承包某小规模工厂任厂长。

丙也为命主的正财运，坐下辰土弱时发财，辰土增力时正财上凶。

戊戌运丙子年，子制戌，戌不冲辰，辰旺财上凶。实际此年命主在承包工厂期间破财十几万。

河北省高某

乾造：**乙未　丁亥　壬辰　壬寅**　身旺

命主从 1962 年 1 月起大运

丙戌　乙酉　甲申　癸未　壬午　辛巳

身旺四柱。丁为正财运，亥旺发财。癸未运戊寅年未寅都制亥，破财近百万。

济南黄某

乾造：**辛亥　乙未　丁未　辛亥**　从强

命主从 1976 年 1 月起大运

甲午　癸巳　壬辰　辛卯　庚寅　己丑

丁日干生于未月旺，克制日干的力量不成体系，日干从强。

命主于 2003 年亥月找国英预测。预测完命主的事业婚姻后，命主连连称真准真准。后又说条件好了，打算新买个带车库的房子，叫国英给参谋一下。

断：今年你已经看了好几个地方，但都不满意的。今年买不成了。

答：对啊。看了三个地方，都不满意。不是院子小，就是离城太远。

国英测：立春前买不成的。最快也要明年才行。

国英又断：你除了在公家的工作外，自己还干了个别的活。这个活今年发财了。命主反馈：对，就是干这个事赚了钱才想买房子。

公历 2004 年 1 月 5 日下午，国英正在改第一版书稿。命主打来电话：

“祝老师，这事叫你算绝了。”因为天天给人预测，国英已经记不起是谁了。解释半天，才想起命主来测过的事。原来命主于公历2003年12月30日又看中一处房子，并且向卖主交了一万元的定金。约好1月3日去交房款。谁知在2004年1月1日另外一人也看中了这座房子，并多出一万元买下。命主自然是买不到了。此事命主气够呛。国英在电话里说，别生气了，今年你就是买不了的。立春后再张罗吧。

买房子是从家向外拿钱，属于破偏财。本命局时干辛金为偏财为忌神，亥水旺了破偏财。壬辰运癸未年，辰未都克制亥水，是进偏财的年头，怎么会破偏财呢？不破偏财（花钱）就买不成房子。

第三节　投资效益的预测
——短投看偏财　长投看正财

投资干新事业上新项目的效益如何是每个投资人最关心的问题，它在四柱预测中也占有非常重要的地位。怎么预测投资收益呢？总的原则就是长投看正财，短投看偏财。长投短投是指投资经营时间的长短。经营两年以上的项目都为长投。投资的新项目过了当年的春节就转为正财了，所以经营期限在两年以上的投资必须看正财。短投指当年经营当年就结束的投资。新干的事一年内结束只看偏财就可以了。因为这个经营行为转不成正财。这样我们就可以结论了：短投选在偏财吉的年份，因为你的投资就是为了在当年赚钱。当年投当年挣回来的都是偏财。长投要选在破偏财的年份，同时又必须是以后几年正财吉的年份。这样才能有好的收益。投资属于破偏财，这年应该破偏财就投资自然正好。第二年正财吉就开始见效了也正好。当然，虽然新项目经营时间两年以上，但其项目在投资当年很快就经营的也必须看当年的偏财运如何。如果当年偏财很差的则应选在此年的下半年或年底开始投资，因为经营时间不长就成正财了。这要根据投资筹备时间的长短来定，也就是根据具体投资项目定。

弟子张同全2006年6月在我的论坛上为易友预测的实录：

坤造：**庚申　己丑　壬子　壬寅**

交运：命主于公历1990年7月19日13时交运

大运：**戊子　丁亥　丙戌　乙酉　甲申　癸未**

丈夫是1979年出生的。

断：你丈夫对你很关心，也很疼你，常让你感到阳光般的温暖。有什么争吵的时候都是他先主动让步。

反馈：张老师，您断的太准了。事实的确如您所说，我爱人的确很疼我的，每次争执都是他先让步的，而且大多数的争执都是因我任性而起的。

张老师，请对我的事业做一些指导，谢谢您!

断：事业起点不高，不过自己努力，也容易得到帮助，所以事业发展挺不错的。适合金的行业，2004、2005年工作累点，大忙人啊。不过工作成绩很可观啊，自己心情也不错。

答：首先谢谢张老师的回复.下面是我的反馈!

事业起点不高，（老师指的所从事的行业吗？如果是的话，起点确实是不高的，而且资金也不是很多）不过自己努力，也容易得到帮助（恩，确实有朋友在帮忙的）。所以事业发展挺不错的（谢谢老师的断论，让我很有信心）。适合金的行业，还请张老师具体明示）。2004、2005年工作累点，大忙人啊，（确实忙啊,挺累的）不过工作成绩很可观（工作成绩倒是得到领导的认可，但是毕竟是给别人干的，总觉得不划算）自己心情也不错。（恩，心情蛮好的，因为公司的环境还可以，而且领导也年轻,挺合得来的）。不过，我现在已经跟公司提出辞职了，原因是我想跟爱人一起干自己的公司。张老师，我们未来的事业怎样啊！很想得到你的指导！

断：你现在正是开基立业的时候。开在整个城市的东部，较高或较开阔的地方。你们现在资金准备的还不是很充分，需要贷款。今年得贵人帮助，可以干起来，不过效益不好，干的艰难。明后年效益好起来。

答：首先谢谢张老师的回复。

你现在正是开基立业的时候，（对，事业刚开头）开在整个城市的东部（对），较高或较开阔的地方（应该是比较开阔吧）。你们现在资金准备的还不是很充分（对），需要贷款（贷款是买房）。今年得贵人帮助（对，我爱人的部门经理）。可以干起来，不过效益不好，干的艰难（万事开头难啊）。明后年效益好起来（期待吧）。

张老师，请再看看我未来事业的趋势吧！

张同全在山东德州工作，是个20多岁的年轻人。预测技术有家传。技术全面，尤其擅长四柱奇门。其热情准确的预测受到易友的欢迎。

山东周某

乾造：**丙午　乙未　丙子　丙申**　从弱

命主从1973年12月起大运

丙申　丁酉　戊戌　己亥　庚子　辛丑

丙火日干生于未月不旺不弱，月干乙木无根又被年干丙泄。时干丙扶日干也无力，生扶日干的力量不成体系，日干从弱。月干乙木为命主的正财，时干丙火为命主的偏财。乙木为忌坐下未土弱时发正财，时丙为忌得坐下帮扶时发偏财。2003年春天找国英预测。

断：戊戌运甲戌年，两个戌土扶时干丙火，干了个新事，当年就挣钱了。干的事和火有关，以后几年都发财。

答：原来一直搞建筑，从1994年上半年开始开饭店。这年效益就很好。投资几万块钱当年挣得就差不多了。一直到2000年效益都不错。2001年来差了。今年想换个大些的饭店干可以吗？

戊戌运癸未年，未扶戌，戌增力扶丙，新事一干就成，肯定发偏财。

断：可以啊，保证当年就挣钱。

命主2003年春天又换了个规模大规格高的饭店。装修就花了几十万，但2003年底整个投资就回收的差不多了。

河北赵某

乾造：**丁酉　己酉　丙午　己丑**　身弱

命主从 1965 年 4 月起大运

戊申　丁未　丙午　乙巳　甲辰　癸卯

丙日干生于酉月弱，但坐下日支受伤一次仍成体系扶身，日干弱。月干己土为正财，时干己土为偏财。月支酉金弱了发正财，时支丑土旺了发偏财。命主 2003 年子月来预测。

国英断：今年正偏财都不好。上半年不宜投资，否则破财。

答：早来看就好了。已经破了。

原来命主 2003 年春天在朋友的撮合下到南方投资新项目，预计当月投产，很快就可挣钱。但投资后产品质量有问题，再加上 SARS 的影响，市场当然不好。几十万元很快打了水漂。

第十二章　学业文凭

学业文凭的预测主要包括这么几个方面：第一是文凭高低，大学以上就是高文凭，大专中专高中为有文凭。初中以下为文凭很低；第二是学什么专业，文科理科还是经济类。预测总的学习成绩考学等看第一事业。第一事业为木火文科好，第一事业为金水理科好。木火一片，文人，名人 。第一事业为土文理都可以或都一般。

预测文凭高低首先看第一事业的字是用神还是忌神，然后再结合头两步大运进行预测：第一事业为用逢生或为忌受制的文凭高；为用受制或为忌逢生的文凭低。预测学业和预测其他事项一样，先从命局中找出代表学业的字，再看年运对它的作用情况。但是需要注意的是，上学和得文凭的一般规律是二十几岁前。现在除了研究生外很少有25岁后再正式读书的了。所以，看文凭高低和学业如何也必须结合头两步大运看。总的成绩看第一事业。局中无正官时按百神论原则确定。一般说来，头两步运对学业吉时有文凭。这步运有利于哪一科就会在哪方面突出。如果都差不多，学经济类的可能性大。局中文理两科都不利，行运再不吉，文凭低。

预测某年考高中或大学时，结合头两条再看流年大运命局作用关系。作用的结果使第一事业干支都吉头两条又吉肯定能考取；头两条吉流年大运命局干支作用不吉的此年成绩不理想；头两条不吉年运作用也不吉的考不上。

坤造：丁巳　乙巳　丁丑　甲辰　复旦大学文科高才生

乾造：癸巳　甲子　丁酉　甲辰　学贯古今的大人物文科人才

乾造：癸卯　丁巳　丁巳　丙午　从学士读到博士

2003年网上预测四柱：

坤造：**辛亥　壬辰　庚辰　戊寅**

命主1975年2月起大运

大运：**癸巳　甲午　乙未　丙申　丁酉**

庚金生于辰月旺，月干壬水有年支扶成体系泄日干，日干旺用财官伤。此造月壬为理科，时戊为文科　。癸巳运癸不扶壬不制戊，文科突出，理科也不错。甲午运已经进入初中2年级，甲制戊也制壬，文理两科都不会突出。

断：此命大专文凭，学经济类。

答：对，大专！学的商业经济管理。

2003年网上预测四柱

坤造：**辛酉　癸巳　戊申　己未**

命主从1984年1月起大运

大运：**甲午　乙未　丙申　丁酉　戊戌　己亥**

戊日干生于巳月旺，时干支又扶日干，日干旺无疑。月干癸水得年干支生扶成体系克制日干，日干不从强。癸水为理科为用，时干己土为文科为忌。乙未运，乙制己泄癸，国英断其学文科，还断了到2003年以前从没谈过男朋友等。

答：祝老师真神了。我学的就是文科，确实还没谈过恋爱。

山西周某

乾造：**丁巳　壬寅　癸卯　庚申**

命主于1980年12月起大运

大运：**辛丑　庚子　己亥　戊　丁酉　丙申　乙未**

癸日干生于寅月弱，坐下卯又泄日干，但时柱干支一气成体系生日干，日干不从弱。身弱用印比。月上壬为第一事业为理科，是个忌神受制，命主天生爱学理科。

断：天生学理科。

答：是学理科。上学理科就好。

安徽黄山李某

乾造：**辛亥　辛卯　壬辰　癸卯**

命主从 1972 年 3 月起大运

大运：**庚寅　己丑　戊子　丁亥　丙戌　乙酉　甲申**

本四柱壬水日干生于卯月弱百分之五十，年支亥水生月支卯，日干弱无疑。但天干一片印比生扶日干成体系，身弱用印比。月干辛金为正印也为第一事业，理科人才。头两步运又扶辛有力，学业很好。最终取得工学博士学位。

第十三章　伤病灾

第一节　四柱预测伤病灾都看日支

伤病灾是人们生活中的大不吉。伤灾是指命主突然受到某种外力的侵害而使身体受到损伤，如车祸之类。病灾是指命主自身发生的疾病。在四柱预测中，日支为身体，日支为用受制为忌逢生都易引起疾病或伤灾。其病症既可能是日支这个字也可能是对日支起了坏作用的字。对日支起坏作用是指日支为用克制日支，日支为忌生扶日支。

亥子为日支或对日支起了坏作用易患肾、膀胱、泌尿系统、生殖系统血液系统等方面疾病；丑辰为日支或对日支起了坏作用，易患消化系统、内分泌、肌肉等方面疾病；寅卯为日支或对日支起了坏作用易患肝胆、筋骨、头颅、四肢等方面疾病；巳午为日支或对日支起了坏作用，易患心脏、小肠、血液、神经、精神等方面疾病；申酉为日支或对日支起了坏作用，易患肺、大肠、气管、筋骨特别是腰椎颈椎等方面疾病；未戌为日支或对日支起了坏作用，易患消化类、神经类、精神类疾病。因突发性事件受伤时，也按此断伤的部位。

测病只能这么笼统地说，绝对无法象 CT 那样准确描述出哪里得了肿瘤，并且是多少厘米的直径。其实预测师最拿手的是预测命运，为人预测疾病，只能起一个参考的作用。到底是什么病还得听医生的。现在的病又这么多，五花八门，而且大都以西医为主定名称。我们四柱测病是中医测病的翻版，所以预测师最好学点中医。

乾造：**甲戌　戊辰　辛未　癸巳**

2004 年 12 月 14 日上午易友李元电话问此人四柱如何。我答身体很不好。李元答，一岁多就得了脑瘫，一直这样。

为什么会这样呢？此四柱辛金生在辰月旺，但辰土两次受伤，日干又无比劫通根帮助，身弱。未土为身体为忌神，未代表神经类疾病，所以命主得脑瘫。

这种纯靠印来维持生命的四柱如果日干再坐在逢生的忌神上，那身体肯定要出毛病的。

广东梅州钟某

乾造：**己酉　甲戌　庚申　戊寅**

命主从 1970 年 10 月起大运

癸酉　壬申　辛未　庚午　己巳

庚日干生在戌月弱，日支两次受伤扶日干不成体系，日干从弱。申为身体为忌神旺时出凶。庚午运庚辰年，辰泄午，午不制申。申旺，命主因车祸死亡。

齐齐哈尔谢某

乾造：**己亥　丙寅　丙子　壬辰**

命主从 1965 年 3 月起大运

大运：**乙丑　甲子　癸亥　壬戌　辛酉　庚申**

丙日干生寅月旺，寅得年支生，日干旺无疑。时干支一气成体系克制日干，日干不从强。身旺用财官伤。日支子水为身体为用神，子旺身体好，子受制时身体出凶。壬戌大运，戌制子身体易出凶。刚进此运的丙子年，戌克子，子受制严重，泌尿系统得病住院。

2003年网上预测四柱

祝老师瞧瞧我爸的四柱

预测者姓名：hu　出身地点：湖北荆门

乾造：**己丑　庚午　己巳　壬申**

命主从1950年3月起大运

大运：**己巳　戊辰　丁卯　丙寅　乙丑　甲子**

国英测：你父亲2000年以来身体差，主要是心脏血液之类的病。

答：对啊！就是2000年得的心脏病啊，我好担心！

此四柱己日干生于午月旺，坐下巳火生身日干旺无疑，但时干支成体系克制日干，日干不从强，身旺用财官伤。日支巳火为身体，巳旺时命主身体不好。甲子运庚辰年，辰土制子水，子弱不克巳，身体出毛病。火为心脏，故得心脏病。

第二节　如何具体断病症

日支是人的身体和生命，所以断病的部位也要围绕着日支做文章。具体断病症要从两个方面展开思路。第一是从命局原像直接断病症，这主要适用于一些原局信息明显的四柱：

日支为用在局中受克制严重，命局中克制日支最重的字一般为病症。

坤造：**戊寅　甲午　甲寅　癸酉**

此四柱命主生于1998年。日干甲木生于午月弱百分之五十，年支寅木生月支午火，日干肯定弱了。时支酉金生扶时干，时干生扶日干为成体系，身弱用印比。日支寅木为用，被月支午和时支酉金克制为两次受伤，有病明显。月支午火泄寅木力最大，得午火方面的病。午为心脏，实际命主为心肌炎。

坤造：**癸卯　庚申　甲辰　甲戌**

甲木日干生于申月弱百分之五十，生扶日干的力量不成体系，日干从弱。日支辰土为用两次受伤，身体肯定不好。申金泄辰土力最大，得申金方面的病。实际命主患有严重的腰椎间盘突出症及坐骨神经疼的病。

坤造：**辛卯　戊戌　戊子　甲寅**

戊土日干生于戌月旺，月干戊土帮身，日干旺。日支子水为用神，年运克制此字时得子水方面病。子水为妇科类疾病，在命局受制严重，易得妇科类疾病。壬寅运辛未年得乳腺癌。

日支为忌神在局中受生扶有力，命局中生扶日支力量最大的字为病症。

坤造：**戊戌　己未　庚戌　丁丑**

庚金日干生于未月弱百分之五十，日支和时干都克制日干，日干弱无疑。月支扶月干生日干成体系身弱。日支戌土为忌神，月支未土扶日支力最大，得未土方面病。命主患有较重的关节炎病。

坤造：**辛巳　戊戌　丁未　乙巳**

丁生戌土月不旺不弱。坐下未土帮身，时支巳火又生日支，月支戌土扶日支有力。日干旺。日支未土为忌神。月支戌土扶日支力量最大，戌为干土也为神经，命主一直患有神经类疾病。

第二是命局信息不明显，必须结合年运断病症。一般规律是：

日支为用，年运克制此字时得日支方面病。

乾造：**辛亥　庚子　甲午　己巳**

甲日干生于子月旺，年支亥水扶子水，日干旺无疑。日支午火一次受伤克制日干成体系，身旺用财官伤。日支午火为身体为用神。午火为心脏，戊戌运，戌土泄午火，命主得了严重的心脏病。

坤造：**乙未　庚辰　丁酉　丁未**

月支辰土空亡，丁日干生于未年支旺，日支酉金两次受伤，克制日干的力量不成体系，日干从强。日支酉金为忌神。申酉金为腰椎，1995 年命主进入甲申运后，腰椎病严重。

日支为用，年运克制日支时得克制字的病；日支为忌，年运生扶日支，得生扶字的病。

乾造：**乙卯　壬午　己亥　辛未**

交运：命主于公历 1980 年 10 月 11 日 19 时交运

大运：**辛巳　庚辰　己卯　戊寅　丁丑　丙子**

己土日干生于午火月旺，年支卯木生午火，日干旺。日支亥水为用神受时支未土制不吉。己卯运，卯木泄亥水。卯木为肝，命主得肝炎。

第十四章　寿　限

第一节　预测寿限的基本方法

寿限是指命主本人死亡之年限。国英没有拿过四柱一看就能看出命主哪年驾鹤西去的本领，也从来没见到过这样的高手。所以从四柱中看命主去世于哪年还是一个需要进一步总结的问题。因为决定命运的因素除了四柱外还有风水，如果不结合风水可能永远也无法测准人的寿限。我之所以用可能这个词，是我对预测这门学问的一贯态度。在某种意义上说，术数预测是一种不说理的学问。随着预测实践和预测理论技术的发展，我们认为最不可能的事都有可能发生。百神论和反断论的产生就足以说明了这种态度是正确的。命主本人的身体寿限看日支是没问题的。日支为用受制为忌逢生时应凶。但一个人一生中日支凶的年运有好多个，总不能死好几次吧。所以用日支看寿限是对的，但应在什么年运上还需要总结完善。死亡又分为正常死亡和非正常死亡。活到七八十岁，老了自然死亡即为正常死亡。因各种灾祸死亡的属于非正常死亡。但无论怎么死的，都会从命理上找到死亡的原因。国英以为，就目前的四柱预测水平看，预测师测不出某人何年去世正常，但如果人都死了还从命理上找不出原因就不正常了。

过去乃至现在好多命理著作在试图解释某人为什么某年运去世时，总用枭神夺食伤官见官之类语言说明。不管著书者这么说出于什么原因，国英可以肯定地说这么说是错误的，因为受伤或死亡根本不用看十神，只看日支就足够了。

北京市刘某

乾造：**丁未　甲辰　戊午　戊午**

命主从 1973 年 6 月起大运

大运：**癸卯　壬寅　辛丑　庚子　己亥**

戊日干生于辰月不旺不弱，月干甲克身不成体系，日干从强。日支午火为用神受制时身体应凶。庚子运，癸未年子未同制午火，命主在建楼施工时从脚手架子上掉下当场摔死。

乾造：**辛亥　庚子　辛卯　己亥**

命主于 1980 年 2 月起大运

己亥　戊戌　丁酉　丙申　乙未

辛金日干生于子月弱，但天干一片印比成体系生扶日干，此四柱为身弱。日支卯木为忌神，受地支一片水生为凶。丁酉运癸未年，未脆酉，酉不制卯，命主和上例同时从架子上摔下。但命主只摔成重伤。后经医院抢救生命得以保住。

在日本的弟子陈光甡（网名茶水博士、大家研究）是个大才子。他叫茶水博士，也是个实实在在的博士，不过是工学博士，一位年轻的电器工程专家。下面的两个四柱是他在“元亨利贞”网站论坛《新派命理预测技术专版》上的预测实录。2003 年 11 月 1 日发贴

1932 年生人女命

坤造：**壬申　庚戌　庚午　丙戌**

命主从 1942 年 1 月起大运

己酉　戊申　丁未　丙午　乙巳

发贴者问：己酉运丙戌年命主吉凶如何，所应何事？

博士预测：身旺。总体看早运好。己酉戊申是发展最大的。不过这两步

大运身体都很不好。有些流年要有大的伤病灾的。己酉运，丙戌年有破身之灾。

最后发贴者说明，此命乃刘胡兰，看博士所测者无不拍案叫绝。

刘胡兰的命运是人所共知的。从四柱中能看到她在去世之年的吉凶足以证明新派命理预测技术的科学性了。

利用新派命理预测技术从四柱看出某年吉凶已经很简单了。但是拿过四柱一看就可以铁口直断某人一定死在某年，据国英所知，现在地球上还没有一个这样的高手。能算准一两次不足为奇，国英也做得到，但所有的四柱都能看准才算真会。恐怕这个规律只靠四柱是找不到的。

第二节 人去世的命理原因

去世作为人生的重要现象，从四柱中能否预测出呢？尽管一些文章中记载着许多“大师”在这方面的神断实例，但现实中真正能够拿过四柱就可以铁口直断命主死于某年的，恐怕一个也没有。别说断人的去世流年，就是人已经死了能合乎逻辑地说明死亡原因的人也极少极少。国英看了许多马后炮论述，大都是信口开河，乱说一气，根本无法自圆其说。除了教学中正常的预测外，国英这些年还运用新派技术为易友及社会各界预测了数以万计的命例。尽管如此，国英仍然未能悟出铁口直断生死的技术，但却从中找到了四柱中死亡的根本关节。这个关节出了毛病人未必能死，但人死一定是这个关节出了大毛病。国英相信，顺着这个方向走下去，最后一定能够找到每个人那个关节中出死亡毛病的特征的。那一天肯定不远了。

这个命理关节就是日支，而绝不是枭神夺食，羊刃逢冲之类云山雾罩的说法。预测人死亡的要诀是，日支为用受制，日支为忌逢生。为了客观说明这个技术，国英不用自己积累的命例，而是用《滴天髓》附录中《人鉴·命例》收录的命理来说明。（限于篇幅，只用前十位命例来说明。为了更能说明问题，按书上的原顺序从一到十依次分析。）

1. 慈禧四柱，未注起运岁数和死亡时间，略。

2. 黄兴：**甲戌　甲戌　甲寅　甲戌**

甲日干生于戌月弱百分之五十，年支扶月支，克制日干的力量大；日支寅木不受伤，为帮扶日干的力量成体系，日干不从弱。日支寅木为用为生命，受制时死亡。戊寅运丙辰年，辰土为虚神耗寅木，同性力大，命主死亡。

3. 袁世凯：**己未　癸酉　丁巳　丁未**

丁日干生于酉月弱百分之五十，但月令酉金受年支脆日支克制为两次受伤。同时，年支和日支都帮扶日干，日干旺。日支巳火为忌神，逢生扶时命主死亡。丁卯运，丙辰年，卯木生巳火力大，命主死亡。

4. 冯国章：**戊午　乙丑　乙巳　庚辰**

本四柱中只有月干乙木帮扶日干，不成体系，日干从弱。日支巳火为用神。辛未运己未年，两未土泄巳火，命主死亡。

5. 瞿鸿玑：庚戌　癸未　乙亥　丙戌

本四柱身弱用印比。日支亥水为用神。书上说瞿去世于 1918 年。段建业先生的《命理指要》说死于己未年。我认为己未年是对的。运支寅合绊日支亥，流年未克制日支亥，死亡。

6. 赵秉钧：**戊午　乙丑　壬申　乙巳**

日干壬水生于丑月不旺不弱，克制日干的力量不成体系，日干从强。日支申金为用神为生命。辛未运甲寅年，寅冲日支申金，未冲丑，申金彻底受制，命主被袁世凯毒死。

7. 钱能训，书上未注去世于何年，略。

8. 姜桂题：**癸卯　丙辰　庚申　辛巳**

日干庚金生于辰月旺，坐下申金扶身日干旺。年支扶月干克制日干成体系，身旺用财官伤。此四柱如准确死亡时间对不上。

9. 李纯：**乙亥　乙酉　己卯　庚午**

生扶日干的力量不成体系，日干从弱。日支卯木为用神为生命。庚辰运，庚申年，申金空亡不泄辰土，辰土耗卯木力更大。命主死亡。

10. 伍廷芳：**壬寅　丁未　己卯　乙亥**

日干已土生于未月旺百分之五十，但月令被年支日支克制为两次受伤，日干弱。日支卯木为忌神为身体。丙辰运壬戌年，戌冲辰，辰土不耗卯木，命主死亡。

第十五章
怎样避免生养先天性病残儿

第一节　从四柱中看不出先天性病残

平时预测经常遇到这样的情况：求测者把四柱报上来，一看四柱格局不错的。于是按正常四柱预测了。但求测者不满意：这个人是个弱智，或者有某某病残。但从四柱中无论如何也是看不出的。后来一问，明白了，是先天的，即出生带来的。很明显，在相同的时辰里会有好多人来到这个世界上，他们不可能都是先天性病残儿的。先天性的病或残大多是从四柱命局中难以看出的。

2003 年网上预测四柱

乾造：**壬戌　癸丑　己亥　甲戌**

命主于公历 1990 年 12 月起大运

大运：**甲寅　乙卯　丙辰　丁巳　戊午　己未**

预测了半天后，命主反馈自己是残疾。

国英断：残疾是先天的，不是后得的。命主反馈，是的，是先天的。

安徽省沈某

乾造：**戊申　壬戌　乙亥　辛巳**

此四柱命主生下来就没眼睛。现在世界有60亿人口，1968年世界人口大概有30亿吧，四柱的组合有52万多种，这样和此四柱相同的人按1968年的比例也会有5千多个。这5千人不可能都为先天性病残吧！

避免生养先天性病残儿是一个亟待解决的问题，命学工作者对此负有重大的责任。

第二节　避免生养先天性病残儿的方法

中国每年都会有八十到一百二十万的先天性病残儿加入到人类的队伍中，这个数字在全世界自然会更多。他们一生下来就注定了一生的悲惨命运：或缺少某种器官；或某种器官发育不正常；或患有某种长期治不好又说不明白原因的疾病；或先天性智力低下等等。这都为当事人特别是孩子父母带来了难以形容的生活创伤。国英经过潜心研究，从风水四柱角度找到了先天性病残、弱智儿的致病致残原因：这就是母亲在怀孕期间更换了住所，这一点百分之百的准确。具体住所不同，具体的风水环境也就不同。而胚胎一经形成便要受到风水环境的影响。这就是所谓先天风水的影响。而对胚胎影响的直接结果就是发育是否正常。胚胎发育正常，未来的婴儿身体健康；发育不正常，就会出现各种病残现象。胚胎形成就像一粒种子刚发芽。母亲住所此时如果变更，和胚胎形成的风水环境往往有很大差异。就像一粒种子在温暖的海南岛发了芽，让它到冰天雪地的黑龙江去发育生长，肯定要出问题的。微观的风水环境所起的作用有时就相当于从海南到黑龙江气候的变换。换住所必须是在另一处房子住一定时间以上。所以，国英郑重告诫新婚夫妇：想生一个聪明健康的孩子，怀孕时千万不要更换住所。在哪里怀孕就一直住在哪里，直到孩子出生再去医院。

山东刘某

乾造：**丁卯　辛亥　辛巳　甲午**

命主从 1994 年 6 月起大运

庚戌　己酉　戊申　丁未　丙午　乙巳

辛日干生于亥月弱，月干虽帮扶日干但不成体系，日干从弱。命主生下来身体发育都比较正常，和别的孩子一样，发烧感冒有过的,但没大病。但到了 1993 年开始莫名其妙的不吃饭，消瘦，没精神。到医院检查，医生也说不出什么原因。一直到 1995 年不行了才住院。最后检查出是肠子溃烂。到 2002 年一共住了三次院，做了三次手术。2002 年 15 周岁只有 1.45 米高。此年做手术前体重只有 40 几斤。母亲在怀孕 4 个月左右换了住所。

辽宁王某

坤造：**辛未　庚寅　丁未　癸卯**

命主从 2000 年 5 月起大运

辛卯　壬辰　癸巳　甲午　乙未　丙申

本四柱月令和时支空亡等于没有，以年支未论日干旺衰。丁火生于年支未为旺，坐下未土又扶身，日干旺无疑，但天干一片财官成体系克制日干，日干不从强，身旺。命主生下来和别的孩子一样天真可爱。后来父母逐渐发现孩子的视力有问题。经医院检查，确定为先天性白内障。后经多家医院治疗，两眼的视力现在还只有 0.1~0.2 之间。

其母亲在怀孕数个月后更换了住所。

河南刘某

坤造：**丁卯 丁未 丙戌 丙申**

命主从 1988 年 5 月起大运

戊申　己酉　庚戌　辛亥　壬子　癸丑

本四柱从强。从命局看不出命主身体有什么问题。实际命主为弱智。母亲在怀孕期间到外地住了几个月。

需要说明的是母亲怀孕后住所的变换并不是先天性病残儿致病的充分条件，而是必要条件。也就是说并不是所有怀孕更换住所的母亲生的孩子都是先天性病残儿，但只要是先天性病残儿肯定是母亲在怀孕期间换了住所。有的母亲虽然换了住所，但孩子发育仍然很正常，和别的孩子没什么两样。这里边的原因是：母亲更换的住所和原来住所的风水环境相同，孩子自然发育就正常了。现在的问题是，我们还没有能够确定先天风水环境的标准。究竟从一楼到二楼住对孩子的发育有问题还是没问题？那么到三楼呢？四楼呢乃至更高的楼层呢？从村子西头搬到村子东头住对胎儿发育有影响吗？搬到南边和北边呢？其他的更换形式呢？怎么更换住所对胎儿的发育不会有不吉的影响呢？现在还没有一个确定的标准。我想，随着对这个问题的研究的深入，一定会找到这个标准的。

第十六章　命理和职业选择的关系

第一节　老板重行业　工人重岗位

工作职业的选择应该是四柱预测调理时的内容。求测者一般都会问：我适合干什么工作？实际上就是问适合干属于哪种五行的工作。在为求测者选择时，要注意两个问题：一是既考虑行业更要考虑岗位。投资者、老板包括国有企事业单位的官员重在选择行业，一般工人或打工者重在选择岗位。行业和岗位是两回事，有时出入还挺大。如海运公司是属水的行业，但在海运公司的办公大楼烧锅炉的人也属于干水活吗？肯定不是。所以一般职工只按岗位就可以了。二是现代社会的行业、职业和岗位越来越多，越来越细，很多情况下已经无法把某行业或职业非常确定地归入哪个五行了。所以行业职业的选择是相对的。

第二节　用神不是选择职业的第一标准

选择职业以什么为标准呢？是否就从用神代表的五行中选择呢？答案是有的四柱是，大部分四柱不是。那如何选择呢？以命局中代表第一事业字坐下的地支为主选择，兼看代表第一事业字本身的五行。第一事业字地支为事业（工作）的规模大小。此字旺为吉时选择生或扶此地支的职业；弱为吉时，选择克制此地支的职业。

丙子　庚子　癸酉　甲寅

此四柱癸日干生于子月旺，年支子水扶月令，身旺无疑。时干甲寅木一体克制日干成体系，身旺用财官伤。

月干庚金为命主的事业，坐下子为事业规模，子旺事业做大。年支子扶月支子，日支酉生月支子，天生干大事业的命。此命长期的职业就要选择使水旺的金水类行业或岗位。

还有一个问题就是职业是人生的一部分，也会随着年运的变化而变化。当代的社会更是如此。别说一生，就是一年换几次工作的也大有人在。

辛酉　壬辰　庚午　戊寅

此四柱庚金生辰月旺，时干戊土又生日干，日干旺无疑。但月干壬水坐辰土泄日干成体系，身旺用财官伤。壬水为工作为长期干的事业，壬水坐下辰土弱了事业做大。本命主长期工作要选择克制辰土的行业或岗位，即金水木类。

第三节　行业、岗位与五行对应表

以下资料据说是台湾同行的研究成果，供大家预测时参考。

属（金）的行业：

电脑制造、电脑周边制造、一般无线通讯、微波通讯、卫星通讯、电子业、重电机、马达、钢铁业、金属建材、金属医疗器材、金属商品制造、电子零件制造、通讯连接器、网路硬体、监视器、电器用品、银行、电玩硬体、扬声器、证券业、麦克风、通讯零组件、笔记型电脑、PDA、LED（发光二极体）、主机板、电脑介面卡、电源供应器、汽车、积体电路测试、证券投顾、光纤电缆业、积体电路（制造、封装）、电线电缆、电容、电阻、MLCC、CD-R、DVD、光电产品、软件业、网站经营、电子商务、系统组装、保险业、磁碟片、电池、PCB、等 。

另外，粗铁材或金属工具材料等方面之买卖商、坚硬事业、决断事业、主动别人性质的事业、一切武术家、民意代表、五金商、挖掘、发掘、开矿业、鉴定师、大法官、总主宰、汽车界、交通界、金融界、电料界、电气店、工程店、科学界、珠宝界、或伐木事业均属之。售工具机械或制刀剑也属之。

属（水）的行业：

进出口贸易、国际企业经营、汽车维修、管理顾问业、百货业、超市超商、运输业、渔业、水族馆、航空业、广告业、广告设计、商品设计、网路美编、建筑设计、补教事业、房屋代销、观光业、房屋中介、大众传播业、演艺圈、IC 设计业、政治、加油站、娱乐业、饭店业、医生、土地开发设计、植物养殖业、花店、农业、出版业、化妆品、火锅店、等 。

属水行业，漂游性质、奔波性质、流动性质、连续运动性质、易变化性质、水属性质、音响性质、清洁性质，冷温具不燃性之化学界，靠入海求生活者，均属之。靠水发财之事业属水（例如雨衣、雨帆、洗衣粉等)。航海界（船员也是)、冷温不燃液体、冰水界、鱼类界、水产界、水利界、水物借、冷藏界、打水界、扫除界、流水界、港内界、泳池界、湖、池塘、浴池、菜市场内售卖冷食物［鱼、肉、豆腐］均属之。迁旅业、特技表演业、运动家、导游业、旅行业、玩具业、声乐音响业、魔术、马戏团、采访记者、侦探、旅社、或灭火器具、钓鱼器具均属之。

属（木）的行业：

木器、木材、傢俱、装潢、花草、树木、苗、盆栽、竹、音乐、茶、纸器、图书、文艺、文学、文教书店、文具行、文具店、教育界、文化事业、文人、作家、教师、出版业、宗教业、香料及敬神用品、布匹、司法、军警、政治、公务界、种植界、药物医疗（中医类)、等……

写作、撰文、教员 、校长、教育品、出版社、治安警界、官途之界、治界、参政界、新创设界、特殊动植物生长界之学者、植物栽种试验界。木制品、装璜木成品、纸界、竹界、种植界、花界、树苗界、青果山、草界、药物界（开药房或药剂师）、医疗界。培养人才界、布匹买卖界、售敬神物品或香料店、宗教应用物界、宗教家之事业、或售卖植物性之素食品，以上均属木之事业。

属（火）的行业：

高热性、火药性、光亮性的行业、放光照明、易燃品、油、酒、瓦斯、加工、制造、再制工厂、修复、食品、自助餐、热食、手工艺、理烫发、饰物品、镕铸、百货、服饰、印制业、化妆品美容、羊肉炉、化学、电镀、医药品（西医类）、饮料、等……

属火行业，热度性质、火爆性质、光线性质、加工修理性质、做工性质、再自制性质、易燃烧性质、手工艺性质、一切人身装饰物性质，均属之。放光、照光、照明、光学、高热、液热、易燃烧物、或油类界、酒类界、热饮食界、食品界、手工艺品、机械加工品、工厂、制造厂、衣帽行、理电发院、化粧品界、一切人身装饰物品。军界、歌舞艺术（以人对人之营业）、百货行、印制家、彫刻师、评论家、心理学家、演说家，均属之。

属（土）的行业：

土地买卖、房地产、建筑、土产业、农蓄、农牧、饲料、机械买卖、中人、介绍业、管理、企业顾问、设计、秘书、农作物、经销商、代理商、防水业、丧葬业、水泥业、石板石器、瓷器、代书、等……属中间性或基础性之行业。

属土行业，土产或地产性质、农作性质、畜牧性质、大自然原物性质、中间人之性质，又因土最卑下，最中央，故宜担任领导性质、人才事业、防水事业均属之。农人或土壤研究者、售现成菜类、售现成农作物（杂谷、米、麦等)，畜牧兽类（如放牛羊或养鸡猪等)，售饲料界、所有农畜界百业。大自然原物售卖界（即石、石灰、土地、山地、水泥等，建筑业、房地产买卖业、房屋买卖业。提防物、容水器等)。当铺、古董家、鉴定师、制糊或售糊业、所有中间商人、介绍业、及代书、律师、说客、法官、代理、管理、护理。代替、买卖、设计、顾问、秘书、附属品、附属人均是（因土附火而生)。又领导事业（即高级官或高职)，及使人讨厌的事业（如殡仪馆、墓碑店、丧事代办所、筑墓业、墓地管理、为死人装饰业）等。又零碎整理事业：如书记、簿记、记录员、会计师也属之。

第十七章
调整方位能改变人的命运吗

平时总有人问我们：我到哪个方位（方向）发展好呢？方位问题似乎已经成了四柱预测调理时一个必不可少的内容。那么方位的变换到底对命运起不起作用呢？如果起作用又能有多大呢？

第一节　先天方位和后天方位

先天方位指的就是命主出生之地。后天方位就是以命主出生地为基准，向四周辐射的各个点。如命主出生在北京，南边的方位有涿州、保定、石家庄、郑州、武汉、长沙、广州乃至国外等；东面是廊坊、天津乃至日本等等。人为地调到某个方位去生活，那就是后天方位的调整。眼下流行的观点是，命主的用神是金，则向出生地的西方去发展为好，因为西方金旺；命主的用神为木，向出生地的东方发展为宜，因为东方木旺等等。这些说法听起来似乎都很有道理，所以也很容易使人接受。因此大家在预测时对此道都乐此不疲。此种调理的背后是以这样一个结论或观点为依据的：方位的变换会改变人的命运。在很多人看来，后天方位的调理肯定会收到神奇的效果：一个出生在青岛的人命中喜金，那么他到新疆一定就会宏图大展的；一个出生在广州的人命中喜水，那么让他到内蒙或者西伯利亚乃至北极去做事自然就飞黄腾达了。再一个就是先天方位的问题，也就是命主出生地本身什么五行旺。一位易友在我的网站论坛上发帖子说：中国大体上甘陕为西方金气重，内蒙为北方水气旺,东北三省寒气逼人,山东东方木气重,江浙木火旺,广州火气重。根据这个结论，有人就推导出，两个四柱组合相同的人，命中都喜金，一个生在青岛，一个生在乌鲁木齐。那生在乌鲁木齐的这个人的应吉程度肯定会大于生在青岛的。事实果真如此吗？我们问一下，如果说新疆金旺，那么以巴基斯坦为准来说，新疆又什么旺啊？新疆可在巴基斯坦的东边的。对于新疆来说甘陕是木旺还是金旺啊。甘陕可在新疆的东边啊。再远处说，欧洲呢，是不是就一片黄金了呢？对欧洲来说中国的甘肃陕西什么旺呢，是不是还是金气重啊！五行规律不可能只是对中国起作用吧！再一个就是，南边火旺，那么赤道以南仍然这样吗？东边木旺，木最旺的地方应该是哪里呢，是国际日期变更线的西面吗？

实际上所谓西方金旺北方水旺等是不能乱联系的。甘陕金气重类的说法把五行的理论理解得过于简单化、庸俗化了。从方位的角度看，世界上并没有一个某五行最旺的地方。相对于具体的人来说，也没有一个某五行最旺的方位。比如，金到底旺在那里呢？木呢？水呢？火呢？西边也并不是真的都是金，北边更不是什么一片水。因此相对于某个人来说所谓西方金旺等是不存在的。所谓西方金旺、南方火旺、东方木旺、北方水旺的理论只适用于微观风水环境的调理。

第二节　关于微观风水环境

微观风水环境也分两个方面，一个是人出生前父母住所周围的风水环境，就是先天风水环境。再就是人出生后自己住所的风水环境，就是所谓的后天风水环境。现在所说的调理风水主要是指调理后天的微观风水环境。无论形势派、命理派还是理气派风水调理的都是人们后天的风水环境。不管什么风水流派，调理风水时无非是调理这么几个方面。1. 房子外边的环境包括各方向的地势高低等；　2. 室内各部分如卧室等如何安排以及各种物件的摆放；3. 房子的坐山朝向；4. 门的朝向等等。其中最主要的就是房子外边的环境，就是住房或经营房外边的地势高低，四周的遮挡物分布情况等等。另外阴宅即祖坟也在这个范围之内。微观的风水环境其实主要就指这些内容。国英前边说的四柱定性、风水定量之“风水”就是说的微观风水环境。风水师在给命主调理风水时只考虑微观风水环境的调理，并不管人们生活在黑龙江怎么调，生活在广东怎么调。而这些调理应该说大都是有作用的。如果“中国大体上甘陕为西方金气重，内蒙为北方水气旺，东北三省寒气逼人，山东东方木气重，江浙木火旺，广州火气重”之说真的能够成立的话，那么内蒙地区在命主生活的房子外边有多大的遮挡物、地势怎么变化也是无法从根本上改变水气旺的大环境的。甘陕如果真的“金气重”，再怎么调理也都是金啊，那调理微观风水环境没意义才对。南方火旺等的说法只适用于微观风水环境，从方位角度说是不存在的。

第三节　方位调整不能改变命运

我们知道，人的命运是很难改变的。我们也知道，决定和影响人们命运的因素有两个，就是五行运动规律的两种表现形式：时间和空间。方位的变化属于空间的位移，可以归入到空间的范畴。通过第一节的分析我们已经知道，世界上并不存在一个某五行最旺的地方，对于某个人来说，西方金旺等理论在该人的微观风水环境中才能成立。因此，那种试图通过方位的调整去改变命运的做法是没有意义的。这个认识是我通过日常大量的预测，特别是在网上的大量预测得出的：我们预测时只考虑时间，时辰不准兑时辰，或按真太阳调整时辰，都是从地球的经度上也就是从时间上考虑。预测的唯一依据就是时间。从没考虑命主生在什么纬度会应什么吉凶的问题。这样预测就很准确。如果一个人生在西伯利亚，你除了分析他的命局用忌神外，再加上一个西伯利亚水旺因素，预测时非出笑话不可。一个不走运的人到了哪里都不走运。方位改变不了命运的。

2003年网上预测四柱：一位在北欧留学的易友求测

占者姓名：br　　出身地点：丹麦

乾造：**庚戌　己卯　壬寅　辛亥**

命主于公历1974年6月起大运

大运：**庚辰　辛巳　壬午　癸未　甲申**

国英测：他的出生时间是按当地时间吗？他和女朋友或妻子是2001年之后分手的。此前的2000年感情很好。但1999年有矛盾。

答：是按当地的时间排的。他原来有妻子，他们在1999年认识2个月后结婚，女方是中国人。但结婚不到2个月他们之间就都是矛盾，是他妻子的原因。他2002年6月份发现他妻子的问题，2003年1月份正式分手。

壬水日干生于卯月弱，时干辛金生日干但不成体系，日干从弱。己土为妻子为用神，卯木为感情基础，卯旺感情好，卯弱感情差。壬午运辛巳年，巳午同泄卯，和妻子感情不好。壬午运壬午年，两个午火泄卯木也不好。此四柱命主生在丹麦，是个地道的老外。如果按先天方位来论，那里在我国西北方，金旺的不得了，水旺的更不得了。但我们在预测时根本不用考虑那些因素，只按四柱本身给予的信息预测就足够了。如果考虑了反而不准了。

再看微观风水环境。无论一直住在出生的房子里还是换了房子，如果请真正懂风水的人对微观风水环境进行了调理，肯定会对命运起好作用的。这不是推理，而是同行们天天都在为客户这样做。并且做了后也确实对客户起到了趋吉避凶的作用。客户买房子，请我们选择，怎么选呢，根据房子的微观风水环境选，其他找门面房，盖办公楼等等都是这么操作。

2003年网上预测四柱

占者姓名：亦心　　出身地点：黑龙江省宾县

坤造：**壬寅　丁未　丙子　丁酉**

命主于1972年7月起大运

大运：**丙午 乙巳 甲辰 癸卯 壬寅 辛丑 庚子**

国英测：身弱。1983或1985年婚姻成定局。1987年以后感情矛盾不断，1989到1991年最厉害。

答：1985年结婚吧（那年是虚岁24岁），后来有矛盾了，1992年彻底分手。后来又结婚了，也分手了。我想问祝老师，她还能哪年结婚，对象在哪个方向，什么样的人？麻烦祝老师！谢谢您！

国英问：请问亦心易友，这个女命一直在宾县生活吗？

答：是的，一直在宾县。不过命不好，现在自己过。

此命丙日干生于未月不旺不弱，丁火坐未土成体系能帮身，日干弱。月干丁火为丈夫，坐下未土为感情基础。未弱感情好。乙巳大运中使巳火增力的流年很多，感情肯定不稳定。甲辰运，辰刑未异性本来就力小，流年制去辰土时感情还是不吉。我们分析四柱只考虑了时间因素，并没有考虑命主生活在寒气逼人的黑龙江宾县，这里地处北纬46度左右。按先天方位的说法，应该是火弱极了。火弱未土自然弱，那婚姻应该很好的。冰天雪地也没改变未土在年运上旺的性质。

第十八章　怎么运用命理风水

命理风水就是以人的四柱命局为依据，根据命中喜忌进行调理的风水流派。命理风水分为天干风水和地支风水两部分。天干风水是指以某处水平面为基准，四周空间的大小。某处空间越大，此处所代表的五行就越旺，反之就越弱。地支风水是指以某处水平面为基准四周地势的高低，某处地势越低，此处所代表的五行就越旺，反之为弱。

命理风水在发挥作用时最明显的特征是空间决定于时间，也就是风水会因命主行运的不同而对人产生吉凶影响的大小不同。在空间和时间相同的结合点上，是命理风水产生吉凶最明显的时候。假如某人命局中卯木为忌，他又不懂得风水，在卯木最旺的年运上此人往往也生活在一个卯木最旺的风水环境中。这样就会因行运和风水都不吉引起大凶。我们所进行的调理，就是结合命理给命主找一个对命主起好作用的风水环境。卯在命中为忌，就给命主调理一个卯木弱的环境，以在微观风水环境上克制命主命局中起坏作用的五行，帮扶起好作用的五行。这样就可以使人主动地去改造现实风水，或者叫创造一个对自己有利的风水环境。

乾造：**乙未　甲申　乙卯　癸未**　*身弱*

命主从 1960 年 3 月起大运

癸未　壬午　辛巳　庚辰　己卯　戊寅

乙日干生于申月弱，年月干一起扶身成体系，坐下卯木也帮扶，日干弱。日支卯木为身体。卯旺身体好，卯木受制时身体出毛病。

己卯运癸未年，未土制卯木，命主身体明显不好。我断命主所住房子的未方太旺。实际命主房子外边未方的地势要比房子地基水平面低一米多，而且一直延伸到远方。未方地势低为未土旺，未旺制卯不吉。

网上预测四柱：

请祝老师看事业财运

占者姓名：　　出身地点：青岛

乾造：**壬寅　戊申　乙巳　辛巳**

命主于公历1964年1月起大运

大运：**己酉　庚戌　辛亥　壬子　癸丑　甲寅　乙卯**

国英测：从弱。癸丑运发大财。2000和2002也发了。

答：这是我们老板的四柱，最近几年是发了。特别是2000年发财最大了。2002年也不错。公司生意一直较平稳。

国英测：你公司的北面地势很高的，你老板沾这个光了。

答：是吗？老师神算，我们公司的办公室靠海，海在南边，自然北边的地势高，而且青岛本来就多小山坡，北边是个地势较高的疗养院。您看看他适合干什么行业发财最大呀。

此四柱乙日干生于申月弱，年支寅不能扶日干，日干从弱。戊为财，申金旺了发财多。壬子运，子泄申力大发财不多，除非后天风水的子弱才能改变这种情况。公司北边地势高，就是子弱，子弱泄申力小，命主发财。

2003年网上预测四柱

恭请祝老师帮忙看看我父亲的命造，多谢！父亲于今年（2003）七月初突然去世。父亲的四柱是：

乾造：**癸巳　辛酉　甲子　乙亥**

交运：命主于公历1954年7月起大运

大运：**庚申　己未　戊午　丁巳　丙辰　乙卯**

国英测：你父亲得的是心脏血液方面的病，你现在住的地方院子外边西南地势很低。

答：非常感谢祝老师的回复！您果然看得很准！

关于我父亲的死因，我一个在大医院做医生的姑伯也是这样认为的。

另外，我家里住的地方三面是山，正前方场子外是池塘。我家坐北朝南，我家屋后及东南面和西南面都是山，池塘下是梯形的水田。

国英测：那房子的西南方也是山吗？此山离你家房子多远？

答：回祝老师：我家房子西南方，如果近一点（20到50）米正好是池塘的水面，地势肯定很低！远一点（60米）就是一条山的山坡了！

国英测：实际上还是西南方低，60米之内肯定起大作用了。如果早调一下风水，肯定有好处的。起码父亲不会凶得这么厉害，但得大病确实难免的。

甲日干生于酉月弱，坐支子生扶日干成体系，日干不从弱。身弱用印比。日支子水为身体，子受制时身体出凶。丙辰运癸未年，辰未土齐克子水，风水中未土又旺，空间决定于时间的规律起作用了。命主突然身亡。

由此可见，风水在决定命主或六亲的吉凶程度上起着非常重要的作用。四柱预测结合风水会更准确。

第十九章　如何兑时辰

四柱一共四部分，时辰是一部分。时辰错了在大多数情况下整个命也就无法预测了。当然也有换几个时辰其格局以及预测的重点也不会错的四柱，但是这种情况只有极少数情况下才会出现。尽管如此，时柱代表的一些内容肯定也是错的。所以必须确定时辰之后再进入预测。时辰不准一般由两个原因引起：出生地的经度不同和不知道确切的出生时间。前者可用本书上篇第五章的办法解决，后者则必须兑时辰。怎么兑呢？就是根据命主以往发生的大事兑。前提是必须能熟练地运用新派命理预测技术体系，否则是无法兑的。

2003年网上预测四柱

请祝老师验一下时辰

1946年1月13日出生，男性长辈。

我按照早晨5点钟前排盘，请您看一下！

乾造：**乙酉　己丑　丁亥　壬寅**

交运：命主于公历1948年5月起大运

大运：**戊子　丁亥　丙戌　乙酉　甲申　癸未**

国英测：大体时间是几点？

答：只知是天快亮，公鸡叫的时候。

国英测：1992和1993年事业怎么样？

答：1992年挂职，1993年提拔。都是好事。

国英测：寅时的。

答：请问他还有提升的机会吗?

国英测：他还有一次机会——2004年！现在是市级干部了吧！

答：现在是市级干部了。请问2004年这次机会能成吧?

国英测：2004年这次机会很好的，大概在夏天或冬天。

丁日干生于丑月弱，时支寅木生扶日干不成体系，日干从弱。壬水为用为第一事业是个能人。寅木弱时事业顺利。甲申运壬申年和癸酉年，申酉金齐制寅木，提职。癸未运甲申年，申未又制寅木，所以还会再提职。

2003年网上测四柱：

祝老师请看看!

祝老师，不好意思，我出生的时辰有点模糊，在17点左右，不知是申时还是酉时，是否帮反断一下时辰，谢谢!

占者姓名：　出身地点：福建

乾造：**丁巳　甲辰　戊申　辛酉或庚申**

命主于1982年9月起大运

癸卯　壬寅　辛丑　庚子　己亥　戊戌

国英测：酉时的话2002年下半年有感情风波，申时的话2002年感情很好。

答：2002年下半年是有感情风波，那应是酉时了！谢谢!

能帮我看看今后的运吗?

此四柱戊日干生于辰月弱，年干支生扶日干但不成体系，日干从弱。酉时的话辛金为女朋友或妻子，酉金为感情基础，酉金弱了感情好，酉金增力时感情出问题。2002年9月进入辛丑运，丑土生酉金出感情风波。掌握了新派命理预测技术，兑时辰是很容易的。国英在培训班上为学员现场预测时，有的学员的四柱只知道年月日，时辰一点也不知道。国英现场反推时辰，都能推出。

第二十章
选择剖腹产的原则和方法

以四柱预测为核心的命学产生于一千多年前的唐代。它的基本操作方法就是把人的出生年月日时分别用天干地支记录下来，利用天干地支所蕴涵的阴阳五行关系预测此四柱所代表之人的一生命运。民间因此直称为算命。由于四柱反映了某人来到这个世界的一霎那所秉受的金木水火土五行的多寡厚重清浊程度，因此它可以准确地预测出此人的命运。当然这样的预测还必须依靠一定的技术。算命是在中国乃至在世界上影响最广、准确率最高的预测方法，在中国是家喻户晓的事。中国人一生没出过国的极多，一生没预测过命恐怕很难找到。

预测最基本的依据就是每个人的出生年月日时。稍懂命学常识的人都知道：命一旦形成就很难改变。无论请多么高明的预测师给予调理，也无论他用什么方法调理，最终也只能从程度上而不能从根本上改变已经形成的命运。因此，人从母体来到这个世界的时间非常非常地重要，具有特别的意义。为即将出生的孩子选择一个事业大吉、婚姻美满、身体健康等人生各方面都吉的四柱是保证子女成才的前提条件。这是已经被一千多年的命学实践证明了的事实。现在人们大都从观念和事实上接受了一对夫妇只生一个孩子的国策，一般家庭就只有一个孩子。可见孩子素质的高低对我们的生活当然也包括对我们的国家民族是多么重要。预测实践表明，剖腹产四柱和自然产四柱一样，都能准确反映人的命运层次和曲线。现在中国的剖腹产出生率据说已经达到百分之六十以上。预先选择四柱再做剖腹产的家庭越来越多。为即将出生的宝宝选一个吉祥福寿的四柱并以剖腹产的形式实现，是正在悄然兴起的生育风俗。

选择剖腹产四柱的首要条件就是预测师必须是个明白人。拿过某四柱一看就知道是个吉的格局或凶的格局才行。具体选择时主要考虑以下几个方面。

第一节　第一事业最重要

人生最重要的内容就是事业。事业的含义是：人们从事求财、为官或者做学问等职业的过程和结果。此事业绝非过去人们理解的那种特指的官运，而是人人皆有的事业运。事业的好坏大小可以说是衡量一个人素质高低的唯一标准。因此选择四柱必须把事业放在第一位。经常干的事叫第一事业，新干的事叫第二事业。四柱选择主要看第一事业。 具体要求是：

第一：代表第一事业的字必须是用神。如男命四柱：甲申 乙亥 壬辰 庚戌 身旺的四柱 月干乙木为第一事业为用神是个能人。命主干大事业的前提已经具备了。

第二：根据干支分工论 (见本书上篇第七章) 的理论，要特别重视地支的作用。

如：**甲申　乙亥　戊子　庚申**

此四柱月干乙木为事业为用，坐下亥水越旺越吉。年支申生月支亥，时支申生日支子，日支子扶月支亥，最后的力量都汇到亥水上，这样的格局就是优秀组合，天生干大事业的命。

假如换成另外的四柱：

甲申　乙亥　丙子　丙申

此四柱身弱，也是月干乙木为第一事业，但此时的亥水却是越弱事业才越大。因此，这个四柱和前边的四柱相比，先天组合就是天壤之别了。

第二节 重视婚姻

婚姻生活是人生最主要的内容之一。一桩美满的婚姻对事业的成功具有重大的影响。拥有美满婚姻自然是每个人的向往和追求。因此为求测者设计一个美满的婚姻是选择剖腹产四柱的重要内容。操作方法是：婚姻质量的好坏取决于感情基础的好坏。所以，设计婚姻时要把感情基础放在第一位。总的要求是，代表感情基础的字旺为吉时尽量让其旺，弱为吉时尽量让其弱。代表配偶的字为用神时最好得天干生扶，为忌神时最好得天干克制。

如乾造四柱：

甲子　丁丑　丙申　辛卯

此四柱时干辛金为配偶是个用神，坐下卯木越弱越吉。月支丑生日支申，申克卯，命局反映的感情基础吉。是个好组合。

如果改成这样的四柱：

乾造:甲申　乙亥　丙子　辛卯

时干辛金为配偶为用神，坐下卯木越弱越吉，但从年支开始。地支对卯木的作用结果为依次连生，卯木旺极，天生感情基础出毛病的组合。

第三节 保证身体健康

四柱日支为命主本人身体，总的要求就是为用旺了吉，为忌弱了吉。过去常说，身体是革命的本钱，把“革命”改成事业就合适了。事业再吉，没有一个好身体也难以实现。具体操作时可以这样把关：日支为用最好不受制；日支为忌最少受制一次。如果日支为用不得已受制一次，那就必须选择再让日支得生一次；如果日支为忌逢生一次，那就必须选择再让日支受制一次。日支为用两次受制的四柱绝对不能用；日支为忌两次逢生的四柱也绝对不能用。

第四节 必须结合纳音命

这个问题特别重要。可以这样说，纳音命是优生优育的根本依据之一。它对孩子的个性前途乃至方方面面都有着极其重要的作用。纳音命的理论和技术主要是用于指导人们怀孕的年份和月份。如果临产时选择剖腹产四柱，就已经没有办法考虑纳音命了。所以最好先根据夫妻双方的纳音命和四柱选择一个最吉的怀孕年份和出生月份。这样才能保证事先选择大吉四柱，再剖腹出生孩子的命运全部兑现。此节可结合本书《纳音大揭密》一章操作。

第五节 一定考虑大运

四柱中反映的信息再好，没有相应的运也难以实现。因此选择四柱必须要考虑大运对命局的影响。

如男命四柱：

甲子　辛未　甲子　甲子 *身弱*

月干辛金为第一事业，为用神，未土越弱事业越大。

该命主的大运依次是：**壬申　癸酉　甲戌　乙亥　丙子　丁丑**……，走的都是克制未土的运，事业肯定没问题。如此四柱换成丙寅日，则成了：**甲子　辛未　丙子　戊子**（*身弱*），月干辛金仍为用神，未土却越旺事业才越大。整个大运都是克制未土的，难以成就大事业。

第六节　兼顾父母等其他因素

这里说的父母等因素是指四柱命局十神所反映的父母等六亲情况，不包括纳音方面的要求。选择四柱和做其它工作一样，必须抓住主要矛盾。一个人在一生中不可能十全十美。当主要方面和次要方面有矛盾时，选择四柱时也只能考虑最主要的方面。所以父母等因素如果和其它主要内容有矛盾时，要以主要内容为主确定四柱。

为人选择剖腹产四柱时会遇到各种各样的问题。有的可能离预产期还有很长时间就来预测了，那就可以静下心和求测人商议着多选几个四柱；有的则在预产期的头几天甚至当天才来找，只能在很小的范围内选择最吉四柱等等。不管遇到什么情况，都必须按照前述原则综合考虑，按优选择四柱。

本书写到这里让我突然想起一件事：2006 年春天我看到一篇文章，也是研究如何选择剖腹产四柱的。作者来自江苏省。它的文章不但整段整段地抄录本章的文字，还把我关于怎样避免生养先天性病残儿的技术也写到文章中。据说他也是经过多年的潜心研究，找到了先天性病残儿的致残原因。结论自然就是母亲在怀孕期间更换住所所致。更令人哭笑不得的是，他的这篇论文还被收录在中华易学大会第二届大会论文集里。而我在这次会议上则是作为嘉宾专家邀请与会的，并一直是主席团成员。本章和如何避免生养先天性病残儿的文章此前都曾作为独立文章在报上和网上发表过。我对此的感觉是：看到自己的研究成果被易友重视好开心；看到自己的成果被改姓好伤心！

第二十一章
命理起名法的操作规则

如今，找预测师给孩子起名字，给新办的店铺、公司起个字号已经成为中国现实生活中一个不可或缺的组成部分。自然也成为预测师服务业务的主要内容。眼下起名字的方法流派众多，其中影响最大的就是所谓五格剖象法和命理起名法。五格剖象法把人的名字作为一个独立的载体对待，不考虑命主四柱中的喜忌。命理起名法则是根据求名者四柱中的喜忌以及起作用好坏的五行为据起名的。命理起名法的操作规则是：

1. 科学地确定四柱格局，准确区分命中的用神、忌神和中神，这是起名字的前提。名字作为后天可以任意改变的一个外在符号，它到底是好是坏应该取决于它对求名者命中喜忌的助益或克制。和风水一样，它助益了命中喜欢的五行，克制了命中忌讳的五行，就对命主后天改命起到了好作用，反之则起了坏作用。起坏作用还是起好作用要有标准，这个标准就是求名者的命中喜忌。用五格剖象法起名也应该考虑命中喜忌，通过五行数理的调理达到补益的目的。

2. 把助益第一事业放在第一位。如四柱：

甲子　庚午　辛未　壬辰 从弱

庚金为第一事业为忌神，名字中要选择克制金的字，以使第一事业顺利。

3. 干支有矛盾时以天干为主补益或克制。因为天干是人的外环境。名字就是命主外在的符号标志。所以起名要重天干。

四柱：**癸卯　甲寅　壬寅　壬寅**　从弱

甲木为第一事业，甲木旺了事业顺利，寅木弱了事业做大。在此种情况下就要以甲木为主取名，名字中要用水木类偏旁，而不能采用克制木的字。

4. 以汉字偏旁作为助益的主要形式。三点水为水，草字头为木等。国家已开始限制两个字的姓名，而且两个字的姓名很容易重名。因此，不要再起两个字的名字。

5. 名字是声符、形符和义符的统一。既要重视形符也要重视声符。形符通过五行补益命运，声符则通过抑扬顿挫的声调反映五行。义符不是单个字的意义，而是整个名字组成一个意思——代表用此名的人。如邓小平，代表的就是总设计师这个人。如分开解释邓为何义，小为何义，平为何义就不科学了。

第二十二章
什么人适合学预测?

很多易友曾问国英：我学习预测会有成就吗？我的四柱适合搞易学研究吗等等。实际上，这些易友问的都是一个问题：什么样的命局组合适合搞预测！从古到今，很多人也试图解开这个疑问，于是就出现了各种各样的答案。归纳起来，大体有这么几类：一是用神说，就是命局中某种五行为用时学易有大成果。如很多人认为水为用时适合学易，也有人认为金为用时学预测易有成就。结合几个成就大的易学名家看，根本不是这么回事：任铁樵、李涵辰、邵伟华等人四柱的用神不同，照样都出大成绩；二是神杀说，就是认为命局中有某种神杀时学易有大成。其中，最主要的神杀是华盖星，所谓“华盖清闲艺术人，休囚生旺两般论，文章医卜兼师术”。意思是局中出现华盖星的人，主其性情恬淡孤僻，具有哲理玄学艺术才能。所以这类人搞预测容易有成。国英的妻子局中有两个华盖星，虽然日日夜夜受国英的影响，但到现在连天干地支也说不明白是什么。

以上这些说法都难以成立。可能在某个四柱中是准确的，但用在大部分四柱中就不行了。那么到底什么组合的四柱适合学易呢？国英以为，易学研究是一种事业，应该以事业运气的好坏来看命主学易的成就。如果以此为主要事业则看第一事业运；如为业余研究，则看第二事业运。事业运气好时学易必有成就，出名快。不可否认的是，易学工作成就的大小有其特殊的标准或内涵。这个标准一是技术，即预测得必须准确，确实能全面地掌握预测技术体系；二是名气。衡量易学工作者的成就大小时，这两个因素缺一不可。

技术是基础，名气是影响范围的反映。技术和名气不完全一致的情况在易学界是存在的。技术高名气大的情况固然很多，技术差名气大的情况也不少；技术高名气小的情况也大有人在。所以，衡量易学成就的标准也是相对的。这里边还有个学易的时机问题。即命主在人生的什么阶段学易的。如果正好在事业的平运上学习，到事业的大吉运正好学出名堂，那自然一举成名，如邵伟华即如此。如果在事业的霉运中开始学习，这个霉运又持续很多年，则技术提高慢，出名也慢。至于最终学易的人能到什么程度，则必须根据四柱定性风水定量的原则判定。和邓小平四柱相同的人不可能都会能有邓小平的成就。

下面是国英2004年初在网上为易友预测的四柱

恳请祝老师看看我四柱命运如何？能学好预测技术吗？

我2002年跟某某大师学过，感觉什么也没学会。我想请祝老师百忙之中帮我看一下事业（包括过去和未来，嘿嘿，不好意思，绝对不是考您，主要是想坚定一下我学习的信心），看看我是不是学预测的命。如果我不是这块材料，那么请问祝老师我从事哪方面工作比较合适？

乾造：**辛亥　庚寅　庚寅　丙子**

交运：命主于公历1980年11月28日20时交运

大运：**己丑　戊子　丁亥　丙戌　乙酉　甲申　癸未　壬午**

国英测：谢谢这位易友的信任！我非常希望不使你丧失对易学的信心，但我也要劝说这位易友：第一，国英预测有时也有出入，绝不是什么都预测的准。如果想看看准确程度，建议你不要以你一个人的四柱为准。恐怕不能说把你的四柱预测准了就是大师，预测不准你的四柱连整个预测术都不行了。你说是吗？

第二，关于什么组合的命局适合学易。说实在的到现在还没有一个能被大多数人接受的标准。国英的看法是：预测术说到家是一门技术，而且随着新派命理预测技术的发展和完善，已经趋向完全技术化了。过去那种靠感觉预测的时代已经成为历史了。所以，和学其他技术一样，只要思维正常的人都可以学的。同时，易学研究本身又是一项事业，某人成就的大小，肯定取决于命主本身的事业运程。

你的四柱如果准确的话是无华盖星的。此四柱从弱。事业吉凶的年头前都边说了，说说别的吧。2002 年偏财好，就是除了工资以外的其他收入挺可观。1996 或 1999 年花钱多，买房子之类。结婚比较晚，1994 年有过动情的恋爱，但 1995 年后有矛盾了，1996 年分手的可能性大。1998 或 2000 年婚姻成定局。不是指仪式，而是实质的夫妻生活。

回馈祝老师：

1. 关于华盖星，我很早以前查书记得有，刚才又在网上搜索了一下，发现华盖都是地支土，是我记错了。

2. 据家母说，四柱应该是准的。

3. 事业上您说的就是前边齐版主所断的吧？我自己觉得 1996 年算平稳，因为在读书。1998 年还可以，2001 年不好，因为什么也没做。

4. 2002 年偏财好，就是除了工资以外的其他收入挺可观。准确！

5. 1996 或 1999 年花钱多，买房子之类。1996 年电脑一台不知算不算花钱多？这条好像不太准。

6. 结婚比较晚，对。

7. 1994 年有过动情的恋爱，对。

8. 1996 年分手的可能性大，对（但是没分手）。

9. 1998 或 2000 年婚姻成定局。对！

请祝老师再看我 2003 和 2004 年如何？另外，看看我应该等到哪一步运上才可以学好预测技术？

国英测：只要家里的钱向外拿就是花钱。预测叫破偏财。所以 1996 年买电脑也算的。2003 年你事业不错啊。你的一个同事，也是你工作的一个竞争对手被炒还是什么原因不在你的单位干了。他的这块工作你接了。你 2004 年提职了，自己干的话发财了。

回复祝老师：2003 年的事情是这样的：的确有一位伙伴离开了我，他不是被炒掉，而是得到了一个机会去另一个城市当局长。然后我接手他的工作。

从您看我四柱这个角度来说，非常准确！尤其我这位同事走的事，不知道怎么看出来的？

佩服！我想您就是我一直寻找的高手，等我准备好，一定登门拜师求教！

这个易友提的问题带有普遍性。那么四柱中到底有没有适合从事预测的信息标志呢？我经过反复验证，感到下面的说法应验率较高：命局中伤食透出或日坐偏印之人搞预测易出成就。日干坐偏印者容易对易学有兴趣，偏印代表非正统学问，代表发明等；伤食透出之人一般都聪明伶俐，反映快。这些人大都口才好，掌握技术快。学预测易取得成就。

第二十三章
怎样才能从四柱中看出更多事来

一个四柱到手后，预测经验丰富的人可以张口即来，说起来没完。但预测实践少的人总感到不知看什么，或者感到心里有东西嘴里说不出来。怎么解决这个问题呢？可以从以下几个方面着手：

1. 确定好格局、对用忌神心中有数后，可以静下心来按照学业事业、婚姻、身体等横的方面展开思路，即把人生分成这几个方面来预测。求测者实际主要就是测这几方面的事。

2. 在具体预测时再从纵的方面展开：比如测官运，任何干部都是由工人或办事员科员提起来的，所以应该从第一次提职时看起，每次的工作变化都说一说。思路一开，预测的内容就多了。

3. 结合纳音命的技术为人预测。只要结合了纳音，话题就更多了。参看本书《纳音大揭密》一章。

4. 要有正确的联想。我们只能从四柱中看出命主能力大小，无法看出具体的岗位。所以只有在求测者反馈了自己的职业性质（求官、求财和一般打工）后，才能用得上联想。比如命主为官，已经测出他哪年提职，可根据年运命局作用关系预测此年是一个什么样的人帮助了命主：年龄、长相等。在我们国家，公职人员提职，都取决于上级部门的态度，所以如果命主提职的话，可以大胆联想得到了上级某要员的帮助（年龄大小，长相老少，性别等）。其他依此类推。纯熟的技术和正确的联想是预测师水平的综合反映。技术是基础，没有技术就谈不到预测，联想是艺术。换句话说，技术可以保证把命测准，联想则可以把命测得更完美，更生活化。

5. 注意积累生活经验。四柱预测实际上就是对命主以往生活重点事件的再现和未来生活的描述。因此，没有丰富的生活经验是很难做一个优秀的预测师的。当然这个生活经验的积累是相对的，有些可能一生也没有某方面的生活经验，如没有当过兵的人就永远没有部队生活的直接体验，最多听别人说如何如何。这些只能靠自己其它的生活经验类推了。

第二十四章 预测与真善美

真善美是事物完美的最高程度！真就是确实、真正、实事求是；说实话为真言，正确的认识为真知。从根本上说真是科学的本质，也是科学唯一的追求。用科学的规则和方法作出的判断才是正确的，因而才是真的。运用四柱能够准确预测人的命运。所以命理学的特性是真的。

美是艺术的本质。从某种意义上说预测不需要美，测准了就是一个合格的预测师。但这种认识有些片面。比如同样预测某人某年因意外伤害死亡，甲预测师只测出这人此年死亡，而乙预测师则测出了此人此年因为车祸死亡，还测出了他是去东边的路上出的车祸，还测出了撞他的是个红色的小车，司机是20多岁的女孩等等。这难道这不是艺术吗？这是根据命理学的技术结合此人命局年运以及当代社会生活作出的大胆而丰富的联想。联想的成功就是美，就是艺术！这一条是最难做到的。

科学追求的是真，艺术追求的是美，宗教追求的是善。把善用在预测中，就是预测工作者要注意口德。预测师本身就承担着心里咨询师的职能。一样的事不一样的说法就会收到不同的效果。如我们常常听到这样的话：你的命克夫！你的命克妻！甚至说如果你不离婚你丈夫（妻子）就得死等等等。这会给求测者带来极大的心理负担和伤害。现在已经是21世纪，感情破裂离婚再嫁再娶都是很正常的事了。表达两个人感情不好的话完全可以用感情不和，感情破裂等现代语言。同样的话不一样的表达，既反映了预测师的素质，也更会造成不同的结果。行善是预测师必须具备的品德。把一个客观的结果（尽管这种结果可能是不吉的）用善的语言就是不对求测者造成伤害的语言表达出来，既让求测者达到了知情的目的，也不至于给他们带来不应有的压力或伤害。

真，给求测者预测准，说真话；善，说话注意表达，就是明显有凶，也要把未来的吉给求测者讲明白，让他（她）看到未来看到希望；美，在真善的前提下，尽量预测得更形象更具体。

第二十五章
四柱预测的步骤和注意事项

一、分析日干旺衰，定格局，区分用忌神。

1. 规范地排出四柱和大运，大运要精确地算到月上。应该注意的是，大运是以周岁为准的，用所谓虚岁计大运是错误的。有条件时最好用电脑排四柱。流年干支一般不用排，但是不熟悉各个流年干支时需要事先准备好流年干支对应表，以便查用。

2. 准确地查出空亡的字，写在四柱的右边。命局中有空亡字时把此字用圆圈划出，以免忘记。

3. 确定格局后，在天干的用神上打上对号，在忌神上打上 X 号。不熟悉十神的再标上十神。

二、给六亲定位 包括正常六亲和按百神论确定的六亲，并注意记准它们的喜忌。

三、预测主要内容。

1. 事业：公职人员中的能人以官运为主，非公职人员以财运为主。要根据不同的人预测其不同的事业。在四柱预测中，预测事业是第一位的。

2. 婚姻：一般主要是看何时结婚，婚姻感情质量如何，哪年出感情矛盾甚至离婚等。配偶的工作事业也可以兼看。

3. 命主本人的身体：此项内容主要是伤病灾。

4. 父母的情况：看父母为官为民及身体情况。

5. 子女方面：现在可以结合后天风水断生男生女。如果没有生孩子的人来求测，最重要的是根据夫妻的纳音命为未来的孩子选择一个来到这个世界的最佳年份月份。

四、根据命局大运流年三者关系断应事（主要是第三项所列的内容）与应期。

五、听取命主反映，详细预测命主最关心的事。

预测时经常出现这样的情况：命主关心的事没预测到，其他的反而预测不少。听取命主反映就是解决这个问题。这个问题可以在最后解决，也可以在预测中间或一开始解决。有的人喜欢全面测，有的人则喜欢只测关心的事。这要根据不同的求测者来决定。

六、根据命中喜忌在事业和生活等方面给命主做调理。

后　记

2003年春天起，国英用自己的真实姓名在众目睽睽的网站论坛上为易友们预测了无数的四柱。当时就有很多知心易友劝我：要想做大师，必须和易友们保持距离，让大家对你有一种神秘感。这么公开用真名预测是做不成大师的。但我知道，人世间有一条铁的规律：没有在战场上血与火的洗礼，就绝对成不了将军；同样，没有丰富的预测经验，也永远成不了真正的预测学家，更写不出命理精品著作！我没有听从朋友的劝告，天天用真名为易友们预测。预测结果的准确性受到大家的普遍赞扬和充分肯定。成千上万的四柱预测实践，让我得到了宝贵的实战锻炼，也从中认识到了新派命理预测技术当时还存在的不足，更从中悟到了命学发展的根本途径——完善技术！此后的数年间，国英根据过去几年来的所测所思所悟又对新派命理预测技术体系做了深入的研究和验证。在上千个日日夜夜之后，在预测了千万个命例之后，在无数的火花交汇之后，现在终于可以向易友们捧出自己的新成果了。

无论是喜欢还是不喜欢新派命理的人，现在都不得不承认这样一个事实：新派命理已成燎原之势，它的普及不可避免！新派命理的发展之所以能一日千里，在区区数年里占据命学的多半个江山，就是因为它完全靠规范的操作技术、靠预测的准确程度赢得易友们的喜爱。如果有人问新派命理的最根本特点是什么，国英会毫不犹豫地回答：规范的技术！新派靠技术起家，也靠技术发展，更靠技术成熟！这些技术不是书里的教条，而是成千上万人预测时运用的规范。

本书的写作一直把技术规范、预测技法放在第一位。多年的学易实践使国英明白：技术规范无论对初学者还是提高者都具有根本性的意义。除了阴阳五行的基础理论外，无论是古人还是今人的大部分理论论著都不适合初学者。比如著名的《穷通宝鉴》，那是公认的四柱预测领域理论著作的上乘之作。它的整个理论充满了辩证法，把阴阳五行理论阐述发挥到了极致。可是，一定要注意这个可是，你就是能把这本书倒背如流，也照样不会预测。所以，初学者只要掌握最基本的理论就可以了。提高到一定水平时，也许那些似是而非的理论才有点用。国英的目标就是通过自己的努力，写成一部以技术规范为主的精品命理专著。任何喜欢命理预测的人读后都能学会测四柱。如今这个目标越来越近了！

本书的出版难免有不足之处，敬请读者多提宝贵意见，同时也欢迎大家与本人作学术的交流，联系地址：山东省淄博市张店区石桥办事处王东3号信箱，邮编：255086。电话：0533-3915029，手机：13953333847，网址：http://www.zhuguoying.com。

祝国英

2009年3月16日